粤语语言文化学习与传播丛书

主编 范俊军　范兰德　彭志峰

20天学会粤语（广州话）

范俊军　肖荣钦　著

基础篇

语言学习平台  语音教学

广东人民出版社
·广州·

图书在版编目（CIP）数据

20天学会粤语. 广州话. 基础篇 / 范俊军，肖荣钦著. —广州：广东人民出版社，2013.1（2024.6重印）

（粤语语言文化学习与传播丛书）

ISBN 978-7-218-08038-3

Ⅰ.①2… Ⅱ.①范… ②肖… Ⅲ.①粤语—广州市—自学参考资料 Ⅳ.①H178

中国版本图书馆CIP数据核字（2012）第170385号

20 Tian Xuehui Yueyu (Guangzhouhua) (Jichupian)

20天学会粤语（广州话）（基础篇） 范俊军 肖荣钦著　版权所有　翻印必究

出 版 人：肖风华

责 任 编 辑：梁　茵
修 订 者：范俊军　王雅茜　谢梓欣
新媒体策划：林小玲　张国杰　吴杰锋
封 面 设 计：张竹媛
责 任 技 编：吴彦斌　周星奎

出 版 发 行：广东人民出版社
地　　　址：广州市越秀区大沙头四马路10号（邮政编码：510199）
电　　　话：（020）85716809（总编室）
传　　　真：（020）83289585
网　　　址：http://www.gdpph.com
印　　　刷：东莞市翔盈印务有限公司
开　　　本：889毫米×1194毫米　1/32
印　　　张：6.875　　插页：2　　字数：135千
版　　　次：2013年1月第1版
印　　　次：2024年6月第31次印刷
定　　　价：29.80元

如发现印装质量问题，影响阅读，请与出版社（020-85716849）联系调换。

售书热线：（020）87716172

八大理由劝您学广州话

广州话，又名粤语，俗称"白话"。因为广州是广东省的省会，华南地区的政治、经济和文化中心，所以当平时有人问您会不会说广东话时，"广东话"指的就是广州话。

广州话，是广东省大部分地区的通用语言。

广州话，是香港特别行政区、澳门特别行政区的通用语言。

广州话，是广西壮族自治区大部分地方的通用语言。

广州话，是海外众多华人社区的通用语言。全世界的华人中约有3000万人平时说广州话！

在加拿大的多伦多、温哥华，在美国的洛杉矶、三藩市、檀香山，您可以不懂英语，但只要您能说广州话，生活几乎就不存在因语言不通造成的障碍。

在海外任何一个国家的唐人街、中国城、中国餐馆，您只要碰到黑头发、黄皮肤的中国人，开口打招呼，十有八九说广州话！

东南亚的泰国、印尼、马来西亚等国的华人和华商中，十有八九是广东人，说的是广州话！

有八大理由，劝您一定学会广州话！

八大理由劝您学广州话

①在广东找工作、打工,将增强您的竞争力,获得更多就业和提升机会!

②报考广东省地方县市的公务员,会有明显的优势!

③在广东做生意,能让您结识更多的本地朋友,生意会更加红火!

④做进出口商品贸易,您会有更多的机会,建立更广泛的海外合作关系!

⑤在香港、澳门读大学,您更容易融入港澳文化,与本地学生打成一片!

⑥在广东读大学,不用说,您更容易留在广东就业!

⑦在欧、美、澳留学,您更容易进入华人圈,建立海外人际网络!

⑧在国外旅游,遇到困难,更容易获得必要的帮助!

修订说明

"20天学会粤语"系列图书自2013年1月出版以来,以其规范、权威、简明、通俗、有趣、实用的学习内容和科学的学习方法设计,受到广大读者的欢迎,迄今已重印二十多次。

为了与时俱进地满足广大读者学习粤语的需求,同时根据读者的反馈意见,我们对本书作了修订。具体有以下几点:

（1）订正了个别方言字和非规范字；

（2）删掉了一些不合时宜的用例；

（3）校订了个别拼音错漏；

（4）增补了近年流行的一些社交、媒体、支付方面的词句；

（5）对词表作了一些修订和补充。

本次修订工作由范俊军、王雅茜、谢梓欣具体负责。在此，感谢社会各界和广大读者的关心与支持！感谢广东人民出版社编辑在编校过程中的细致工作和辛勤劳动！

丛书主编　范俊军　范兰德　彭志峰

二〇二〇年六月于暨南园

内容安排

本书的学习内容按天数安排。内容从易到难，循序渐进。包括：广州话单字、单词，发音和拼音，日常用句，趣味知识。

所有内容都是学习广州话必须掌握的基础知识。

每天的学习内容，多数编成顺口的语句，记住了每日的标题，就容易联想和温习当日的内容。

每天安排2—3个课时。

每一课都包含听、讲、记、练几部分学习内容。

听：播放当天的新内容。您可以先听后读，然后一边听，一边跟着读。

讲：对当天的新内容，就重点和难点地方，进行简明扼要的讲解。

记：把当天的重点内容编成顺口溜或口诀歌，开始的时候可以用广州话诵读，以后可以逐渐用广州话背诵。这样，可以帮助您快速掌握当天的重点，强化记忆，永久不忘。

练：对当天的内容进行练习，举一反三。

此外，多数课时还安排了一个"每日学话"栏目，每天学习几句日常用语，既可以即学即用，也可以积少成多。

广州话学习日程图

第1天　初试牛刀：学会广州话9个调……………001
第2天　看粤拼读汉字，一五一十说数字………010
第3天　算账问时论斤两，熟练掌握计数量………021
第4天　出门打招呼，学会称谓语…………………031
第5天　广州话本地字，嘅呢吖啲有意思…………044
第6天　衣食住行多词语，先要学会常用字………055
第7天　衣食住行词不少，再记6词不得了………065
第8天　评人品物议事，务必知道形容词…………074
第9天　特殊词不算少，十几个够用了……………084
第10天　喜怒哀乐有感叹，用了语气词更畅顺…092
第11天　练练考考，广州话是否入门了！………104

第12天	识粤拼练读音，找规律记单字 …………… 109
第13天	攻难点找规律，每天速记200字………… 120
第14天	广州话要地道，特色词很重要 …………… 135
第15天	日常起居单字少，不妨再记50条 ………… 153
第16天	单学字词还不成，接着还需学句型 ……… 166
第17天	学习句型看语序，宾语副词换位置 ……… 173
第18天	质疑提问经常说，语序千万别弄错 ……… 181
第19天	被动句把字句，粤语句型较特殊 ………… 187
第20天	20天工夫到不到，自测一下就知道 …… 195
附录一	新拟粤语（广州音）拼音方案……………… 201
附录二	广州话最常用字词表………………………… 204

如果您是广州话的"话盲",不要紧!

本书从零基础开始,教您学习广州话!

我们根据大量的广州话语料的科学统计,选取了最常用的广州话字、词、句编成学习书,并务求趣味、易上口、易记,将使您在较短的时间内,记住和学会几百个词语和句子,出门能够开口说广州话,达到事半功倍的效果!

建议您把学习内容收藏到手机、电脑……

随身听,跟着说,记单词,背句子;

勤开口,出门用,不怕错!

每天抽出1小时,宿舍、街上、车上、餐桌,都行!

一旦打算学广州话,就要下定决心,把自己当成小学生!

每天,像完成家庭作业一样,完成书中的听、讲、记、练!

不要一天热,兴致高;二天温,兴致降;三天冷,退堂鼓!

从零开始,最初五天是关键,最难坚持,过了第1周这个坎就好办!

请记住:坚持!坚持!再坚持!

坚持20天不间断,成功一定属于您!

学会粤语的快乐,只有成功后才能感受!

第1天
初试牛刀：学会广州话9个调

俗话说：万事开头难。

学习普通话，先要记住"妈麻马骂"4个声调。学习广州话，也要先记住声调。声调是学广州话的第一关，过了声调关，一切就好办！

广州话有9个声调，其中6个舒缓调，也叫舒声调；3个急促调，也叫入声调。舒缓调就是，声调发音可以拖长，发得缓慢一点；急促调则发音不能拖长，要发得急和短，一说出来就立即打住，来个急刹车！

学习广州话的声调，最简单也是最重要的方法，就是像记住普通话"妈麻马骂"4个声调代表字一样，背熟广州话9个声调的代表字。先记住6个舒声调代表字，发音发准了，再记3个急促调代表字。最后，一定要能够按1、2、3、4、5、6、7、8、9顺序，一口气熟练背下9个声调的代表字！这样的话，看到广州话拼音的声调序号，随时可以和9个声调代表字进行对比，马上说出代表字，知道是哪个声调，准确掌握声调的发音。

扫一扫，听录音

第一课　诗时史市试事，舒声调代表字

🎧 一听

请听下面3组字读音，先感受广州话的6个舒声调。每组听几遍，然后跟读，按顺序记住其中一组6个字。

1　2　3　4　5　6

诗、时、史、市、试、事（用普通话"西"发音）

夫、扶、苦、妇、富、父（用普通话"夫"发音）

威、围、委、伟、喂、为（用普通话"歪"发音）

🎤 二讲

普通话有4个声调，第1调"妈"是平调，第2调"麻"是升调，第3调"马"是降升调，第4调"骂"是降调。

广州话也有平调、升调、降调，但没有普通话第3调"马"这样的"降升调ˇ"。广州话6个舒声调中：

平调3个：第1、5、6调，代表字"诗、试、事"。

升调2个：第3、4调，代表字"史、市"。

降调1个：第2调，代表字"时"。

难点讲解

（一）区分3个平调

广州话3个平调有高、中、低的区别。如何才能正确发出高中低3个平调呢？下面介绍一种简单的方法。

第一步：用唱歌的"1（哆）、2（来）、3（咪）、4（发）、5（唆）"，从低到高读广州话"诗"（发音同普通话"西"）。

第二步：再从高到低倒过来发音：

唆　发　咪　来　哆
si　si　si　si　si

第三步：试发这3个音：唆咪来、诗试事。这三个音就是广州话高、中、低3个平调。发高平调的字，嗓音拉高一点；碰到中平调的字，嗓音降低一点；碰到低平调的字，嗓音再低一点。请反复听录音、跟读、练习这三个字。

唆　　　咪　　　米
诗 si^{55}　试 si^{33}　事 si^{22}

（二）区分2个升调

广州话第3调相当于普通话第二调"麻"，代表字"史"和普通话的"习、席"声调很接近。

第4调也是升调，发音时嗓音要压低一点，在发普通话"习"以后，降低嗓门再发一遍"习"，就成了广州话的"市"。

（三）降调

广州话第2调是一个很低的降调。普通话"洗"字，发得轻而短，丢掉后面的上升部分，只保留前面的降调，就成了广州话的第2调。也就是说，发普通话的"洗"丢掉后面部分，就成了广州话的"时"（ si^{21} ）。

三记

（一）背诵下面《广州话舒声调口诀》

1、5、6，唆咪来，诗试事；

3、4调,是升调,嗓门高低读"史市"

第2调,低降调,"洗"字去尾就读"时"

1、2、3、4、5、6,诗时史、市试事

(二) 6个舒缓调,用唱歌音阶5度标调如下

顺序: 1　2　3　4　5　6

调值: 55　21　35　13　33　22

单字: 诗　时　史　市　试　事

粤拼: si¹　si²　si³　si⁴　si⁵　si⁶

普通话: 西高平　洗低降　习高升　习低升　西中平　西低平

粤拼是广州话拼音。可参看本书第201页附录一《广州话拼音方案》。

四练

听录音,跟着说。

姨yi¹	儿yi²	椅yi³	耳yi⁴	意yi⁵	二yi⁶
于yu¹	如yu²	瘀yu³	雨yu⁴	酗yu⁵	遇yu⁶
分fan¹	焚fan²	粉fan³	奋fan⁴	训fan⁵	份fan⁶
阉yim¹	盐yim²	掩yim³	染yim⁴	厌yim⁵	验yim⁶
些se¹	蛇se²	写se³	社se⁴	泻se⁵	射se⁶

第二课　高中低"色锡食",急促调代表字

除了6个舒声调以外,广州话还有3个急促调即入声调。入声

调的特点是，一发出音来就立刻打住。怎么立即打住呢？一句话概括：闭嘴巴、顶舌尖、哽咽喉、高中低。

一听

（一）听下面的录音，看能否听出是怎样"立刻打住"发音的

鸭	答	塌	插	夹
ngaab^{33}	daab^{33}	taab^{33}	caab^{33}	gaab^{33}
孽	叶	碟	猎	涅
yib^{22}	yib^{22}	dib^{22}	lib^{22}	nib^{22}

闭嘴巴。上面的字通过闭嘴来打住发音。开口发出声音以后，立刻闭上嘴唇，不松开。这样的入声字，粤语拼音后面都用一个字母"b"标志。普通话发"b"时，闭上嘴唇，但最后要松开、排气。广州话则不同：只闭住，不松开、不排气。

知道这个发音原理以后，可试着读上面的字。拼音中的33、22表示声调的高低，相当于上面的第5、6调。

（二）再听录音，注意"立刻打住"的发音特点和上面有何不同

压	八	抹	发	擦
ngaad^{33}	baad^{33}	maad^{33}	faad^{33}	caad^{33}
热	别	灭	裂	舌
yid^{22}	bid^{22}	mid^{22}	lid^{22}	sid^{22}

顶舌尖。上面的"立刻打住"是用舌尖抵住上齿。开口发音以

后,立刻把舌尖顶上去,不松开。这样的入声字,粤语拼音后面都用字母"d"表示。 普通话发"d"音时,舌尖抵上去,但最后要松开、排气、出声。广州话则不同:只抵舌尖,不松开、不排气、不出声。知道这个原理,练习顶舌尖,再读读上面的字。

(三)听录音,注意这里的"立刻打住"发音又有什么不同

百	拍	格	客	窄
baag^{33}	paag^{33}	gaag^{33}	haag^{33}	zaag^{33}
翼	滴	食	肉	木
yig^{22}	dig^{22}	sig^{22}	yiug^{22}	mug^{22}

哽咽喉。上面的"立刻打住"是通过哽住咽喉来实现的。发音原理是:开口发音以后,立刻把舌头后面拱上去,堵住咽喉通道,不松开。这样发音的字,粤语拼音的韵尾用字母"g"表示。 试发一下普通话拼音的"g",舌头后面拱上去以后,不要松开、出声,就是广州话的g韵尾入声字。根据发音原理,试发一下上面的字。

(四)听录音,注意"立刻打住"的方式和音高的不同

第7调:高急促	第8调:中急促	第9调:低急促
色 sig^{55}	锡 sig^{33}	食 sig^{22}
迫 big^{55}	百 baag^{33}	白 baag^{22}
测 caag^{55}	拆 caag^{33}	贼 caag^{22}
握 ngaag^{55}	格 gaag^{33}	额 ngaag^{22}
黑 hag^{55}	窄 zaag^{33}	摘 zaag^{22}

高中低。急促调(入声调)发声,除了韵尾具有"闭嘴唇、顶舌尖、哽咽喉"特点外,音高还有高、中、低的区别。一般把这三

种音高的入声调,称为阴入、中入、阳入。

我们把广州话高、中、低3个急促调依次排序编号为第7、8、9调。

急促调的高、中、低,与前面第1、5、6调的高、中、低嗓音相同,也就是唱歌的音阶"唆(5)、咪(3)、来(2)"。

掌握了"闭嘴唇、顶舌尖、哽咽喉、高中低"的发音原理,就学会了入声字、入声调的发音方法。

二讲

(一)闭嘴巴:韵母以b结尾的高、中、低三个急促调

听读练习:

高:湿sab^7、急gab^7、执zab^7、噏$ngab^7$

中:塔$taab^8$、协hib^8、摄sib^8、鸭$ngaab^8$

低:十sab^9、入yab^9、立lab^9、杂$zaab^9$

听录音、辨声调、写调号(7、8、9):

鸭ngaab( ) 十sab( ) 立lab( )

粒nab( ) 吸kab( ) 接zib( )

(二)顶舌尖:韵母以d结尾的高、中、低3个调

听读练习:

高:忽fad^7、出$coed^7$、笔bad^7、(蛋)挞$taad^7$

中:发$faad^8$、阔fud^8、血$hyud^8$、渴hod^8

低:罚fad^9、活wud^9、术$soed^9$、热yid^9

听录音、辨声调、写调号(7、8、9):

一yad( )、日yad( )、七cad( )、

渴hod( )、抹maad( )、热yid( )、

（三）哽咽喉：韵母以g结尾的高中低3个调

听读练习：

高：剥mog⁷、叻leg⁷、识sig⁷、激gig⁷

中：窄zaag⁸、百baag⁸、踢teg⁸、雀zoeg⁸

低：落log⁹、石seg⁹、食sig⁹、白baag⁹

听录音、辨声调、标调号（7、8、9）：

六lug（ ）、屋ug（ ）、得dag（ ）

翼yig（ ）、客haag（ ）、脚goeg（ ）

【答案】（一）８９９　　（二）７９７　　（三）９７７
　　　　　　７７８　　　　　　８８９　　　　　　９８８

三记

下面是广州话入声字和急促调的发音要领口诀，请背诵下来。

7、8、9调有点怪；

色sig⁷锡sig⁸食sig⁹，唆咪来。

b、d、g，收尾快，闭嘴、搭舌、哽咽喉。

四练

到现在为止，全部学完广州话9个声调。下面列出9个声调代表字，一定要按顺序读准熟记。

序号	1	2	3	4	5	6	7	8	9
代表字：	诗	时	史	市	试	事	色	锡	食
粤拼：	si¹	si²	si³	si⁴	si⁵	si⁶	sig⁷	sig⁸	sig⁹

每日学话

早晨！	zou³san²！	早上好！
你好！	nei⁴hou³！	你好！
拜拜！	baai¹baai⁵！	再见！
早啢！	zou³tau³！	晚安！

不少外地人在广州生活十几年，买东西时还是搞不清"1"和"2"。明明是"2斤、2块"，总听成"1斤、1块"。所以，进了商店，到了菜市场，要说广州话，首先得会听数字才行！

第一课　看粤拼读汉字，先来学会说数字

※ 考考您

回忆广州话的9个声调，写出下面代表字的声调序号。
诗　史　时　市　食　试　锡　事　色

听广州话的1—10数字读音，对照9个声调代表字，猜一猜每个

扫一扫，听录音

数字读哪个声调，是舒声调还是急促调，把声调序号填在括号里。

数字	1	2	3	4	5
粤拼	yad（ ）	yi（ ）	saam（ ）	sei（ ）	m/ng（ ）

数字	6	7	8	9	10
粤拼	lug（ ）	cad（ ）	baad（ ）	gau（ ）	sab（ ）

（一）广州话10个数字的声调

数字2、3、4、5、9是舒缓调，1、6、7、8、10是急促调。数字1—10的声调依次是：7、6、1、5、4、9、7、8、3、9。代表字：色、事、诗、试、市、食、色、锡、史、食。

（二）《广州话拼音方案》

《粤语（广州音）拼音方案》（简称《粤拼方案》，见本书附录一）是学习广州话的拼音工具，由广东省的汉语方言学家拟订，它大体上是参照《汉语拼音方案》设计的。看到粤语拼音，按照小学课本学到的汉语拼音的拼法去拼读，大体不会有错。

不过，广州话里有一些普通话没有的声母和韵母。学习广州话，特别要留意这些具有广州特色的特殊声母和韵母，反复听读练习和记忆。

看了10个数字的广州话拼音，可能已经注意到，"3"的拼音是saam，韵母和普通话不同。

普通话没有"aa"这样两个相同字母的韵母。广州话拼音的aa，表示"啊"音要读得长一点、重一点。也就是说，广州话拼音里面，用两个相同的字母表示长音。

(三) 广州话的特殊鼻音韵尾"m"

普通话的鼻音韵母有前鼻音和后鼻音之分，"安an"是前鼻音，"肮ang"是后鼻音。

广州话除了前鼻音和后鼻音韵母外，还多了一个唇鼻音韵尾"m"。请记住，这是广州话韵母的一个重要特色！

那么，这个"m"鼻音韵母怎么发音呢？

先闭住嘴唇，不松开，从鼻孔里发出"姆"的声音。

下面练习数字"三"的发音。在发saa（同普通话"萨"）的同时，闭上双唇发出"m姆"，就成了saam，声调是第1调，高平调。

广州话的m鼻音韵母，除了aam外，还有am和im。按照上面的方法，就很容易正确发出这些韵母：

aam　三saam^1　啱ngaam^1　男naam^2
am　　今gam^1　　心sam^1　　饮yam^3
im　　添tim^1　　点dim^3　　掂dim^6

(四) 广州话的数字表达

（1）100以内的数字。广州话100以内的数字，按上面10个数字读音，照读就是。例如：

11sab^{9}yad^7、12sab^{9}yi^6、13sab^{9}saam^1、14sab^{9}sei^5、15sab^{9}m^4、16sab^{9}lug^9、17sab^{9}cad^7、18sab^{9}baad^8、19sab^{9}gau^3、20yi^{6}sab^9、38saam^{1}sab^{9}baad^8、53m^{4}sab^{9}saam^1、64lug^{9}sab^{9}sei^5、71cad^{7}sab^{9}yad^7、89baad^{8}sab^{9}gau^3、99gau^{3}sab^{9}gau^3

（2）20的另外一种说法"廿"。广州话100以下的数字中，"20"有点特殊，除了说成"二十"外，还可以说"廿"。

"廿"（普通话读"念"niàn）这个字在哪里见过？挂历上！意思就是"二十"。

我们知道，挂历的"廿"表示日期，不能单独使用，后面一定要跟其他数字，如：廿一，廿二，廿三，廿九。

广州话也一样，20可以说"廿"，但不能单独说，后面一定要有其他数字或东西，如：廿一（21）、廿个（20个）。

"廿"广州话读 ya^6，数字21、22、23、24、25、26、27、28、29也可以说成：

廿	廿一	廿二	廿三	廿四
ya^6	ya^{6}yad^7	ya^{6}yi^6	ya^{6}saam^1	ya^{6}sei^5
廿五	廿六	廿七	廿八	廿九
ya^{6}m^4	ya^{6}lug^9	ya^{6}cad^7	ya^{6}baad^8	ya^{6}gau^3

（3）零ling^2、百baag^8、千cin^1、万maan^6、亿yig^7。广州话100和100以上的数字表达方法如下：

单独说100，用全称"一百"，与别的词语搭配说，可用省略说法"百"。例如："100个"可以说成"一百个"或"百个"，两种说法都行。

"一百零几"这类数字，有两种说法：

说法一：全称说法。例如，"103"全称为"一百零三"，粤拼读yad^7 baag^8 ling^2 saam^1；

说法二：省略说法。例如，"103"说成"百零三"，粤拼读baag^8 ling^2 saam^1。

110至190：百位数和十位数合在一起，也有全称和省略说法。110说成"一百一十"，或者说"一百一"，甚至更简单地说"百一"。也就是说，广州话表达"一百几十"这类数字，有三种说法："一百几十"、"一百几"、"百几"。

	110	120	130	140	150

广州话：一百一　一百二　一百三　一百四　一百五

广州话：　百一　　百二　　百三　　百四　　百五

"千、万、亿"的表达方法和"百"一样。请看下面的数字：

1007　一千零七

1080　一千零八十

1500　一千五百，一千五，千五

1530　一千五百三十，一千五百三

1523　一千五百二十三，一千五百廿三

15000　一万五千，一万五，万五

205000　二十万零五千，二十万五千，廿万零五千

三记

听录音，再跟读，记住这段口诀，有粤拼的用广州话读。

8baad^8、6lug^9、7cad^7、3saam^1、10sab^9、5m^4；

六个数字我会数；

1和2，不混淆，呀以呀以（yad^7 yi^6）要记住。

二十几，有特殊，yi^{6}sab^{9}ya^{6}gei^3（二十廿几）也会数。

四练

（一）读读、想想，把汉字数字填在括号里

例如：20　yi^{6}sab^9　　　　　　（二十）

ya^{6}cad^7　　　　　　　　　　（　　）

saam^{1}sab^9　　　　　　　　　（　　）

sei⁵sab⁹　　　　　　　　　（　　）

m⁴sab⁹　　　　　　　　　（　　）

yad⁷baag⁸　　　　　　　（　　）

yad⁷baag⁸ ling²lug⁹　　　（　　）

yad⁷baag⁸ ya⁶baad⁸　　　（　　）

gau³baag⁸ baad⁸sab⁹ m⁴　（　　）

yi⁶baag⁸ yad⁷　　　　　　（　　）

baag⁸yad⁷　　　　　　　（　　）

yad⁷cin¹　　　　　　　　（　　）

【答案】廿七，三十，四十，五十，一百，一百零六，一百廿八，九百八十五，二百一，百一，一千。

（二）读粤拼，写数字

ya⁶lug⁹　　　　　　　　　（　　）

sab⁹baad⁸　　　　　　　（　　）

saam¹baag⁸ ling²sei⁵　　　（　　）

cad⁷baag⁸ m⁴　　　　　　（　　）

cin¹gau³　　　　　　　　（　　）

sab⁹maan⁶gau³cin¹ cad⁷　（　　）

【答案】26，18，304，750，1900，109700。

（三）将粤拼和右边的数字正确配对

maan⁶yad⁷　　　　　　　250

cad⁷cin¹baad⁸　　　　　　22

yi⁶baag⁸m⁴　　　　　　　11000

ya⁶maan⁶　　　　　　　　200000

lug⁹sab⁹gau³　　　　　　401

ya⁶yi⁶　　　　　　　　　7800

sei⁵baag⁸ling²yad⁷　　　　　5037

m⁴cin¹ling²saam¹sab⁹cad⁷　　　69

【答案】11000、7800、250、200000、69、22、401、5037。

第二课　个十百千讲得好，概数表达也重要

学广州话的数字，除了掌握1—10，"十、百、千、万"这些计数单位外，还要知道概数的表达。平时算数和说出来的数字，并不都是精确或具体数字，有时候只是说出一个大概数量或大约数字。只有知道广州话概数和约数的说法，才算全部掌握了数字表达。

下面两个表的词都是常用的概数词。

概数词	广州话举例	普通话
几 gei³	十几 sab⁹gei³	十几
零 leng²	廿零 ya⁶leng²	二十几
度 dou³	十人度 sab⁹yan⁹dou³	十人左右
松啲 sung¹di¹	百斤松啲 baag⁸gan¹sung¹di¹	百多斤

概数词	普通话对应
一啲 yad⁷di¹	一些；一点
一啲啲 yad⁷di¹di¹	一点点
啲咁多 di¹gam⁵do¹/doe¹	一丁点

（续表）

概数词	普通话对应
少少　siu³siu³	少许，少量
大把　daai⁶ba³	很多，一大把，有的是
冚唪唥　ham⁶baang⁶laang⁶	全部，都
通通　tung¹tung¹	全部

二讲

（一）数字+几/零/度/松啲

"几、零、度、松啲"和数字一起说，表示概数、约数。

"几、零"和数字一起使用，表示大概数。例如：

普通话：　十几人；百多个；二十几条

广州话：　十零人；百零个；廿零条

粤　拼：sab⁹leng²yan²；baag⁸leng²go⁵；ya⁶leng²tiu²

广州话：　十几人；百几个；廿几条

粤　拼：sab⁹gei³yan²；baag⁸gei³go⁵；ya⁶gei³tiu²

"度"相当于普通话的"左右、上下"。例如：

普通话：十人左右；八斤左右；百公里上下

广州话：十人度；八斤度；百公里度

粤　拼：sab⁹yan²dou³；baad⁸gan¹dou³；baag⁸gung¹lei⁴dou³

"松啲"意思是宽松一点，前面加数字就相当于普通话的"超过一点、出头、多点"。这个词前面的数字一般是整百、整十、整千这类数字。例如：

普通话：一百多一点；一百斤多点；五岁出头

广州话：一百松啲；百斤松啲；五岁松啲

粤　拼：yad⁷baag⁸sung¹di¹；baag⁸gan¹sung¹di¹；m⁴soey⁵sung¹di¹

（二）一啲（哋）、啲咁多、少少、大把

这几个词分别表示"一点点、一些、少许、一大把"的意思。它们不能像第一组词语那样，直接和数字一起连说。这一点同普通话一样，普通话也不能说"三十一些、一百少许"。但可以和表示事物的名词连用，也可以和动词连用。例如：

普通话：买一些；一点点水；少许米；一大把钱

广州话：买一啲；一啲啲水；少少米；大把钱

粤　拼：maai⁴yad⁷di¹；yad⁷di¹di¹soey³；siu³siu³mai⁴；daai⁶ba³cin³

（三）广州话的序数表达

广州话表达"第一""第二"这样的序数，和普通话一样，在数字前面加个"第"。"第"字广州话读 dai⁶。例如：

普通话：第一；第二十个人

广州话：第一；第二十个人；第廿个人

粤　拼：dai⁶yad¹；dai⁶yi⁶sab⁹go⁵yan²；dai⁶ya⁶go⁵yan²

三记

广州话常用概数词口诀：

"零、几、度、松啲"系概数，

几、多、上下和左右。

"一啲、少少"同埋"大把"，

一点点、少许、有的是。

四练

读一读，记一记，在空格上填写普通话意义。

粤语	拼音	普通话意义
一啲水	yad^{7}di^{1}soey^3	_____
一啲啲酒	yad^{7}di^{1}di^{1}zau^3	_____
啲咁多钱	di^{1}gam^{5}doe^{1}cin^3	_____
少少肉	siu^{3}siu^{3}yug^9	_____
少少酒	siu^{3}siu^{3}zau^3	_____
大把钱	daai^{6}ba^{3}cin^3	_____
大把人	daai^{6}ba^{3}yan^2	_____
十零斤	sab^{6}leng^{2}gan^1	_____
百几个人	baag^{8}gei^{3}go^{5}yan^2	_____
千五张松啲	cin^{1}m^{4}zoeng^{1}sung^{1}di^1	_____
廿零只度	ya^{6}leng^{2}zeg^{8}dou^3	_____
百条度	baag^{8}tiu^{2}dou^3	_____
七次度	cad^{7}ci^{5}dou^3	_____
第八条	dai^{6}baad^{8}tiu^2	_____
第百一名	dai^{6}baag^{8}yad^{7}ming^2	_____

【答案】一点水；一点点酒；一丁点钱；少量肉；少量酒；很多钱；很多人；十多斤；一百多个人；一千五百张多点；二十几只左右；一百条左右；七次左右；第八条；第一百一十名。

每日学话

唔该。	m²goi¹.	打扰一下。/请问。/谢谢。
唔该晒!	m²goi¹saai⁵!	十分感谢!
唔使客气。	m²sai³ haag⁸hei⁵.	不客气。/不用谢。
唔使唔该。	m²sai³ m²goi¹.	不用谢。
唔好意思。	m²hou³ yi⁵si¹.	对不起。

小贴士

广州话的"孖"字

学会了0~9几个数字的说法,平时打电话、报号码直接照念就可以了。例如:020 87329561,用粤语拼音读成:

ling²yi⁶ling²　baad⁸cad⁷saam¹yi⁶gau³m⁴lug⁹yad⁷

广州话念号码时,还有一个常用字"孖",读音ma¹(与普通话"妈"接近)。当号码中有两个并列相同的数字时,常常用"孖+数字"的说法,"孖"就是"双、一对"的意思。相当于英语的double。例如,电话号码8825322可以念成:

ma¹baad⁸ yi⁶ m⁴ saam¹ ma¹yi⁶

用上"孖"字,显得您的广州话更地道。

第3天
算账问时论斤两,熟练掌握计数量

前面学习了广州话的数字、基本数词和概数。日常生活中要熟练表达计数,除了记住数词外,还要知道一些常见的量词以及诸如"斤、量、尺、元、分、里"等等度量衡单位。

考考您:用广州话说出手机和电话号码或身边的其他号码。

第一课 出门办事要花钱,会说钱币算好账

下面是广州话中与钱币有关的词语列表。

广州话	粤 拼	普通话
钱	cin^3	钱
银纸	$ngan^2zi^3$	钞票
散纸	$saan^3zi^3$	零钱,散钱

（续表）

广州话	粤拼	普通话
蚊	man¹	元
毫	hou²	角
半	bun⁵	半
贵	gwai⁵	贵
平	peng²	便宜
抵	dai³	值
争	zaang¹	差
有	yau⁴	有
有钱	yau⁴cin³	有钱
冇	mou⁴	没有
冇钱	mou⁴cin³	没钱
几、几多	gei³、gei³do¹	几、多少
几钱、几多钱	gei³cin³、gei³do¹ cin³	多少钱？

二讲

（一）"蚊man¹"表示"元"

广州话表示"元"的"蚊"字，就是古代说"一文钱"的"文"字。普通话"文"字读第2调，但在广州话中读成了第1调，和"蚊子"的"蚊"同音，所以大家都用这个同音字来代替。这实际是错别字，但约定俗成，大家就将错就错了。

（二）"毫hou²"表示"角/毛"；"分"广州说"分fan¹"

"毫"字广州话读音与普通话"侯"字接近。中国古代有"银毫"的说法，现在有的方言土话还有把银币、铜币说成"毫子"的。在古代，"银毫"是比"银元"小的货币。

（三）"个go⁵"表示"元"

当价钱是整圆数时，比如"3元、8元、100元"，广州话说"三蚊saam¹man¹、八蚊baad⁸man¹、百蚊baag⁸man¹"。

当价钱有"元、角"数时，除了"蚊"以外，还可以用"个go⁵"，"角"可以省略不说。

例如："3元8角"普通话可以省略说"三块八"，广州话则说"三个八"或"三蚊八"。

请记住："个"表示"元"，用在10以下的数目，10以上的数目少用，100以上几乎不用。例如：

普通话"1元6角"，广州话可以说"一蚊六毫，一蚊六，蚊六"，也可以说"个六"。

普通话"21元5角（21块半）"，广州话说"廿一个半"或"廿一蚊半"。

询问单价时，广州话经常用下面的说法：

"几/几多钱+量词（斤/个/条/只/……）？"

例如，下面4种说法意思一样：

几多钱一个？几多钱个？几钱一个？几钱个？

说到价钱时，要表达"差几毛、差几元"的意思，普通话用"差"多少数目，而广州话用"争"，说成"争几毫、争几蚊"。

普通话"差几元"意思是"离自己想要的数目还有差距"。

广州话"争几蚊"意思是"再争取一些的话，就可以达到自己想要的数目"。说法不同，本质一样，都有道理，也很有趣。

🔑 三记

（一）熟记下面的顺口溜，掌握钱币表达方法

百蚊十蚊一个半　　（百元十元一块半）

银纸散纸都抵钱　　（钞票零钱都值钱）

争一蚊，平五毫 （差一元，便宜五毛）
有钱冇钱都买平 （有钱没钱都买便宜的）
粤拼：baag^{8}man^{1}sab^{9}man^{1}yad^{7}go^{5}bun^5
　　　ngan^{2}zi^{3}saan^{3}zi^{3}dou^{1}dai^{3}cin^3
　　　zaang^{1}yad^{7}man^1，peng^{2}m^{4}hou^2
　　　yau^{4}cin^{3}mou^{4}cin^{3}dou^{1}maai^{4}peng^2

（二）下面几个量词计数算账时经常用到，务必熟记

量词	斤	两	个	只	件	条	杯
粤拼	gan^1	loeng^3	go^5	zeg^8	gin^6	tiu^2	bui^1
量词	块	把	盒	间	次	张	轮
粤拼	faai^5	ba^3	hab^9	gaan^1	ci^5	zoeng^1	loen^2

四练

听读句子，利用学过的词语，将句子翻译成普通话。

例如：——几钱斤？　gei^{3}cin^3 gan^1？　（多少钱一斤？）

1. ——蚊八一斤。　man^{1}baad^8 yad^{7}gan^1.　(　　　　)
2. ——咁贵？　gam^{5}gwai^5？　(　　　　)
3. ——平少少啦！　peng^{2}siu^{3}siu^{3}la^1！　(　　　　)
4. ——西瓜几钱一个？
　　sai^{1}gwaa^1 gei^{3}cin^3 yad^{7}go^5？　(　　　　)
5. ——蚊一个。yad^{7}man^{1}yad^{7}go^5.　(　　　　)
6. ——好抵！　hou^{3}dai^3！　(　　　　)
7. ——争三毫，有冇散纸？
　　zaang^1 saam^{1}hou^2，yau^{4}mou^4 saan^{3}zi^3？(　　　　)

8. ——大把。daai⁶ba³.　（_____）

【答案】1．一块八一斤；2．这么贵；3．便宜一点吧；4．西瓜多少钱一个；5．一块钱一个；6．好划算；7．差三角，有没有零钱；8．多的是。

> **小贴士**
>
> 　　普通话中"斤两"的"两"与"两三个"的"两"是同音的，但在粤语中，它们的声调有区别。"斤两"的"两"读"loeng³"，"两三个"的"两"读"loeng⁴"。

第二课　出门看表记时间，办事搭车不匆忙

一听

听录音，试将左右两边的内容联系起来。

2：03	争三个字三点　zaang¹ saam¹ go⁵ zi⁶ saam¹ dim³
2：15	两点零三分　loeng⁴ dim³ ling² saam¹ fan¹
2：30	两点三个字　loeng⁴ dim³ saam¹ go⁵ zi⁶
2：45	三点正　saam¹ dim³ zing⁵
	争三分钟三点
2：57	zaang¹ saam¹ fan¹ zung¹ saam¹ dim³
3：00	两点半　loeng⁴ dim³ bun⁵

 二讲

（一）广州话的时钟表达

"点、点钟"表示时间点，同普通话一样。例如，8点钟、9点。但要注意"点"的发音，韵尾是m鼻音。

"钟"表示时长，相当于普通话的"钟头、小时"。广州话的"两个钟"意思是两个小时、两个钟头。

"字"用在钟表分针刚好指向12个整数时。例如，分针指向钟表上的"1"，就说"一个字"，即5分钟，但广州话不折算成具体的分钟数。又例如，分针指向"4"时，就说"四个字"，一般不说20分钟。看下表：

广州话	解释	普通话
两点三个字 loeng⁴dim³ saam¹go⁵ zi⁶	分针指向3	2点15分
七点五个字 cad⁷dim³ m⁴go⁵ zi⁶	分针指向5	7点25分

（二）广州话特殊韵母"oe"

上面听到的"两点"中的"两"字，广州话的韵母发音好像有点特别，不容易模仿、发准。

这个韵母虽然用了两个字母表示，但发音实际上是一个音，而不是两个音。发这个音的时候，首先做出发普通话ye（也）后面的"e"的动作，然后很快把嘴唇圆起来，发出声音。一定记住：oe是一个音，不是两个音。请反复听读以下单字：

  嘅 ge⁵ —— 锯 goe⁵

  嗲 de³ —— 朵 doe³

轻 heng¹ —— 香 hoeng¹

醒 seng³ —— 想 soeng³

（一）下表是最常用的表示时间的词语

时间词	粤拼	普通话
依家；家阵	yi¹ga¹；ga¹zan³	现在
今日	gam¹yad⁹	今天
听日	ting¹yad⁹	明天
琴日	kam²yad⁹	昨天
前日	cin²yad⁹	前天
后日	hau⁶yad⁹	后天
朝早；上昼	ziu¹zou³；soeng⁶zau⁵	早上；上午
晏昼；下昼	aan⁵zau⁵；ha⁶zau⁵	中午；下午
挨晚	ngaai¹maan⁴	傍晚
晚黑	maan⁴hag⁷	晚上
日头	yad⁹tau³	白天
成日	sing²yad⁹	整天；常常
啱啱	ngaam¹ngaam¹	刚刚；刚才
等下；等阵	dang³ha⁴；dang³zan⁶	等会儿，等一下
几耐	gei³noi⁶	多久
礼拜	lai⁴baai⁵	星期

> **小贴士**
>
> 粤语"啱"字很有意思。单一个字"啱",是"对;合适"的意思,如:讲得啱(讲得对)。如果是叠字"啱啱",就是"刚刚;刚才;刚好"的意思,如:啱啱先到(刚刚才到)。有时"啱啱"会简说成"啱",也可表达"刚刚"的意思,如:啱到(刚刚到)。"啱啱"后面加个"好"字,表示"刚刚好",如:啱啱(好)两点(刚刚好两点)。

(二)钟点口诀歌。

"几点、几点钟"是一样,

整点分针要说"字",

一个小时"一个钟",

区分"点""字""钟",冇搞乱。

四练

(一)看钟表,说时间

第一组:

第二组:

第三组：

【答案】第一组：yad⁷dim³、m⁴dim³、sab⁹yad⁷dim³、lug⁹dim³、cad⁷dim³、gau³dim³；第二组：sab⁹dim³、saam¹dim³、loeng⁴dim³、sei⁵dim³、baad⁸dim³、sab⁹yi⁶dim³；第三组：sab⁹yad⁷dim³bun⁵、sab⁹dim³yi⁶sab⁹sei⁵fan¹、sab⁹yad⁷dim³gau³go⁵zi⁶、cad⁷dim³loeng⁴go⁵zi⁶。

（二）听读句子，猜猜意思

1. ——侬家几点？

    yi¹ga¹gei³dim³?

2. ——啱啱好九点。

    ngaam¹ngaam¹hou³gau³dim³.

3. ——晚黑五点半食饭。

    maan⁴hag⁷m⁴dim³bun⁵sig⁹faan⁶.

4. ——咁早嘅！

    gam⁵zou³ga⁵!

5. ——等几耐？

    dang³gei³noi⁶?

6. ——等两个字。

    dang³loeng⁴go⁵zi⁶.

7. ——今日几号？礼拜几？

    gam¹yad⁹gei³hou⁶? lai⁴baai⁵gei³?

【答案】1. 现在几点？2. 刚刚九点。3. 晚上五点半吃饭。

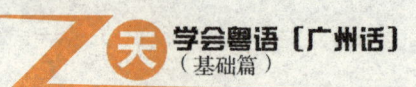

4. 这么早啊！5. 等多久？6. 等十分钟。7. 今天几号？星期几？

三 每日学话

唔知。	m²zi¹.	不知道。不清楚。
唔紧要。	m²gan³yiu⁵.	不要紧。
得唔得？	dag⁷m²dag⁷?	行不行？
算数！	syun⁵sou⁵!	算了！
系唔系？	hai⁶m²hai⁶?	是不是？
系啊。	hai⁶a⁵.	是啊。

扫一扫，听录音

第4天 出门打招呼，学会称谓语

学会广州话的称谓语，文明礼貌地称呼人，让人听起来感到亲切，有助于建立良好的社会关系。

第一课 人称代词"你、我、他"

一听

我	ngo⁴	我
你	nei⁴	你
佢	koey⁴	他
我哋	ngo⁴dei⁶	我们
你哋	nei⁴dei⁶	你们
佢哋	koey⁴dei⁶	他们
自己	zi⁶gei³	自己
人哋	yan²dei⁶	人家，别人

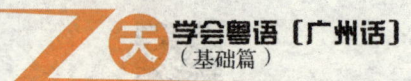

大家	daai⁶ga¹	大家
一齐	yad⁷cai²	一起

二讲

"佢""哋"也是广州话最常用的方言特色字,要能读会写。

"哋"字,意思相当于普通话的"们"。要注意的是,广州话"哋",只能和"我、你、佢、人"这4个字连用。没有普通话"孩子们""朋友们"这样的用法。

三练

(一)组词造句

前面已学过广州话声调、两个特殊韵母、数字、概数、钱币、时间和几个常用量词。下面分组列出,用来练习读音。

第一组:9个声调代表字

　　诗、时、史、市、试、事、色、锡、食

第二组:数字和概数

　　一、二、三、四、五、六、七、八、九、十

　　二十、廿、百、千、万

　　几、零、度、松啲、一啲、少少、大把

　　几多、半

第三组:钱币、度量衡、时间、其他量词等

　　钱、散纸、平、贵、争

　　蚊、个、毫

　　斤、两、个、只、件、条

点钟、点、字、钟

今日、听日、琴日、朝早、下昼、晚黑

啱啱、几耐

第四组：其他常用词

有、冇、系（是）、唔、等、食饭

（二）练习对话

根据上面的词语，结合今天学的人称代词，试试把下面的对话用广州话说出来。

对话1：

——是你？

——不是我，是他自己。

——现在几点钟？我们今天晚上几点吃饭？

——现在刚刚三点。六点五十分吃饭。

——是不是大家一起吃饭？

——是。我等你们。

对话二：

——请问，多少钱一斤？

——一元五角一个。

——对不起，便宜一点，行不行？

——二十元十五个。你有没有钱？

——我有的是钱。差你二毛零钱。

——算了，不要紧。

【答案】（二）

对话1：系你？

唔系我，系佢自己。

依家几点钟？我哋今日晚黑几点（时）食饭？

依家啱啱三点。六点十个字食饭。

系唔系大家一齐食饭?

系。我等你哋。

对话2:

唔该,几多钱一斤?

个半一个。(一蚊五毫一个。)(蚊五一个。)

唔好意思,平一啲,得唔得?

廿蚊十五个。你有冇钱?

我大把钱。争你两毫散纸。

算数,唔紧要。

第二课　记住词头和词尾,阿仔靓女好称谓

广州话称谓语虽然多种多样,归纳起来有三大类。

第一大类,社会通用称谓。根据对方年龄、性别不同,使用通用的称呼语,诸如先生、小姐、靓女、靓仔、阿叔、阿婆、阿伯等等。

第二大类,职业和人品称谓。比如:司机、老师、警察、老板、经理、局长、科长、校长、乞丐、小偷等等。

第三大类,亲属称谓。比如:爸爸、妈妈、哥哥、姐姐、叔叔、阿姨等等。

初学广州话,应该先学会社会通用称谓和一些职业称谓,因为这些称谓一出门就可能用到。亲属称谓可以后面慢慢学。

听一听、读一读，下面是常用称呼语。

先生 sin¹saang¹	李（lei⁴）先生、王（wong²）先生、张（zoeng¹）先生、刘（lau²）先生
生 saang¹	陈（can²）生、赵（ziu⁶）生、黄（wong²）生
小姐 siu³ze³	黄小姐、李小姐、张小姐、刘小姐
靓女 leng⁵noey³；靓仔 leng⁵zai³；靓妹 leng¹mui¹	

阿~ a⁵	阿伯（a⁵baag⁸）、阿婆（a⁵po²）、阿姨（a⁵yi¹）、阿叔（a⁵sug⁷）、阿sir（a⁵soe²）
	阿陈、阿刘、阿明（ming²）、阿红（hung²）
老细 lou⁴sai⁵；老板 lou⁴baan³；大佬 daai⁶lou⁴	

（一）广州话称呼语词头：阿 a⁵

"阿"字在广州话中作为词头，放在称呼语前面，在日常生活中十分有用。它可以和姓名、亲属称谓语一起使用，非常灵活，显得亲切、熟悉。例如：

1. 与姓氏连用：阿陈、阿李、阿刘、阿张……

2. 与名字连用："李晓红"可以称呼"阿红"，"刘大伟"可以称为"阿伟"，"刘贵秀"可以称为"阿秀"，"张明亮"可以称为"阿明"或"阿亮"。基本原则就是：名字中哪个字好听、顺口，就用哪个字。

3. 与亲属称谓连用：阿伯（老伯伯、大伯）、阿婆（婆婆、老奶奶）、阿叔（叔叔）、阿姨、阿仔（儿子）、阿女（女儿）。

（二）称呼语词尾：仔zai³

"仔"是广州话很常用的字，有三个意思：

1. 儿子。父母称呼儿子，常用"阿仔""仔"。这与一些方言的"崽"类似。

2. 青年（小伙子、男孩子、女孩子）。一般来说，凡是看起来显得很年轻的男性，都可以使用"仔"字，有年轻英俊的意思。例如：

男仔　　naam²zai³（男孩儿）

女仔　　noey⁴zai³（女孩儿）

细路仔　sai⁵lou⁶zai³（小男孩儿、小朋友）

靓仔　　leng⁵zai³（帅哥、小伙子、俊男）

后生仔　hau⁶saang¹zai³（小伙子、男青年）

3. 其他职业、人品和特性的男性。例如：

打工仔　daa³gung¹zai³（男工人）

肥仔　　fei²zai³（胖子）

贼仔　　caag⁹zai³（小偷、扒手）

烂仔　　laan⁶zai³（二流子、小流氓）

飞仔　　fei¹zai³（（二流子、小流氓）

（三）称呼语词尾：女noey³

"女"也是一个很常用的称呼语词尾。用来指年轻的女子、姑娘。用法与"仔"类似。例如：

靓女　　leng⁵noey³（美女）

细路女　sai⁵lou⁶noey³（小女孩、小姑娘）

后生女　hau⁶saang¹noey³（女青年、姑娘）

乖女　　gwaai¹noey³（乖女孩）

叻女　　leg⁷noey³（能干的女孩）

飞女　　fei¹noey³（女流氓、游手好闲的姑娘）

三记

用广州话朗读并背诵下面的顺口溜——

"先生、小姐、老细"好常见；

"阿、仔、女、靓"要记住。

尊友敬老要说"阿"，

阿明、阿姨、阿叔、阿婆同阿伯。

靓仔、靓女、细路仔，

年轻爱幼要用"仔、女、靓"。

四练

（一）复习前三天所学的短句

1. 先生，早晨！

   $sin^1 saang^1$, $zou^3 san^2$!

2. 唔该，老细，依家几点钟？

   $m^2 goi^1$, $lou^4 sai^5$, $yi^2 ga^1 gei^3 dim^3 zung^1$?

3. 靓女，我哋晚黑一齐食饭，得唔得啊？

   $leng^5 noey^3$, $ngo^4 dei^6 maan^4 hag^7 yad^7 cai^2 sig^9 faan^6$,
   $dag^7 m^2 dag^7 a^5$?

4. 陈生，唔好意思，等佢哋一阵。

   $can^2 saang^1$, $m^2 hou^3 yi^5 si^1$, $dang^3 koey^4 dei^6 yad^1 zan^6$.

5. 阿婆，一蚊一把，好平，好抵！

   $a^5 po^5$, $yad^7 man^1 yad^7 ba^3$, $hou^3 peng^2$, $hou^3 dai^3$!

（二）把下面的广州话翻译为普通话

1. ——老窦，早晨！

lou⁴dau⁶, zou³san²!

2. ——阿妈，早啲！

a⁵ma¹, zou³tau³!

3. ——阿哥，等我哋一阵！

a⁵go¹, dang³ ngo⁴dei⁶ yad⁷zan⁶!

4. ——细佬，几点钟啊？

sai⁵lou³, gei³dim³zung¹ a⁵?

5. ——家姐，你得唔得啊？

ga¹ze¹, nei⁴ dag⁷m²dag⁷a⁵?

6. ——阿妹，你哋咁迟嘅！

a⁵mui³, nei⁴dei⁶ gam⁵ci² ga⁵!

7. ——老婆，今日礼拜几啊？

lou⁴po², gam¹yad⁹ lai⁴baai⁵gei³ a⁵?

8. ——老公，廿蚊一只，好抵！

lou⁴gung¹, ya⁶man¹yad⁷zeg⁸, hou³dai³!

【答案】（二）1. 爸爸，早上好！2. 妈妈，晚安！3. 哥哥，等我们一下！4. 弟弟，几点钟了？5. 姐姐，你行不行啊？6. 妹妹，你们那么迟啊！7. 老婆，今天星期几了？8. 老公，二十元一只，超值！

第三课　词尾"佬婆妹"

一听

听一听、读一读,下面都是常用称谓语。

广州话	粤拼	普通话
太太	taai⁵taai³	太太,已婚女士
师奶	si¹naai¹	太太已婚女士
大佬	daai⁶lou³	大哥(通用)
细佬	sai⁵lou³	老弟(通用)
靓妹	leng¹mui¹	小美女
老友	lou⁴yau⁴	朋友
乡里	hoeng¹lei⁴	老乡
世伯	sai⁵baag⁸	叔叔(通用)
伯母	baag⁸mou⁴	阿姨(通用)
老板娘	lou⁴baan³noeng²	女老板
伙计	fo³gei⁵	店员

二讲

(一)太太taai⁵taai³、太taai³、师奶si¹naai¹

指中年妇女或已婚女士,前面加上丈夫的姓。比如,陈先生的妻子,可称呼"陈太太""陈太""陈师奶"。如果不知道她丈夫的姓,就直接说"阿太"。

(二)大佬daai⁶lou³、细佬sai⁵lou³

这是广州话很常用的称呼语。有三种用法:

1. 相当于普通话"大哥""老兄""老弟"。既可以用来称呼亲兄弟,也可以作为对男子的社会通用称呼,显得亲切友好。

2. 前面可以加上职业称谓。例如,广州话说"司机大佬""经理大佬",相当于普通话"司机大哥""经理大哥"。

3. 前面可以加上地名。比如,见到北京来的客人,比自己年纪大,就可以尊敬地称他们"北京大佬"。

(三)世伯 sai⁵baag⁸、伯母 baag⁸mou⁴

用来称呼朋友的父母亲,相当于普通话通用的"叔叔、阿姨、伯父、伯母"。

(四)称呼词尾:妹 mui¹、婆 po²、佬 lou³

1. "妹"用在词尾,声调读第1调,指姑娘、小女孩,与前面的词尾"女",用法大致相同,但比"女"要亲切一些。例如:

靓妹　leng¹mui¹　　（小女孩）

傻妹　so²mui¹　　（傻女孩）

2. "妹"的前面可以加上职业称谓和地名。例如:

打工妹　da³gung¹mui¹　　（女工人）

广东妹　gwong³dung¹mui¹　（广东女孩）

3. "婆"作词尾,指成年女子。加了"婆",有粗俗、轻视的意思,不要随便乱用。例如:

八婆　baad⁸po²　　（爱管闲事的女人,骂人用语）

肥婆　fei²po²　　（胖女人）

媒人婆　mui²yan²po²　（媒人）

事头婆　si⁶tau²po²　　（老板娘）

4. "佬"作称呼词尾,指男性,前面可以加上职业称谓、地名、人品称谓。例如:

差佬（阿sir）caai¹lou³　（警察）

泥水佬 nai²soey³lou³　　　（泥水工）
生意佬 saang¹yi⁵lou³　　　（生意人）
打石佬 da³seg⁹lou³　　　　（石匠）
飞发佬 fei¹faad⁸lou³　　　（理发师）
补鞋佬 bou³haai²lou³　　　（鞋匠）
耕田佬 gaang¹tin²lou³　　　（庄稼汉）
广东佬 gwong³dung¹lou³　　（广东人）
番薯佬 faan¹syu²lou³　　　（外地人）
北佬 bag⁷lou³　　　　　　（北方人、外省人）
傻佬 so²lou³　　　　　　　（傻瓜）
肥佬 fei²lou³　　　　　　　（胖子）
孤寒佬 gu¹hon²lou³　　　　（吝啬鬼）
咸湿佬 haam²sab⁷lou³　　　（色鬼）

"佬"用在职业称谓、地名后面，一般带有轻视、粗俗的意思。除非熟人之间开玩笑，对陌生人千万不要随便使用。

三记

下面的顺口溜可以帮助您用好称谓词尾——
世伯、太太同埋大佬，三个称呼有礼貌；
靓妹、老友同埋细佬，几个称呼仲算好。
职业地名加"佬""婆"，噉样嘅称呼唔好乱叫。

四练

（一）单字跟读发音练习

阿　仔　女　妹　佬　婆

太　大　细　小　伯　先
靓　生　姐　佢　哋　人
唔　系　该　啲　几　冇

（二）试用所给的词组，根据右侧普通话句子的意思组词说句

大佬；唔该借借；先生；靓仔/靓女；点称呼；呢排点样啊；老友；好耐冇见；老细；王太；打搅晒；有乜事

1. _____（王太太，很久不见！）
   wong²taai³, hou³noi⁶mou⁴gin⁵!

2. _____（老板，最近怎么样？）
   lou⁴sai⁵, ni¹paai² dim³yoeng³a⁵?

3. _____（帅哥/美女，请让一让。）
   leng⁵zai³/leng⁵noey³, m²goi¹ ze⁵ze⁵.

4. _____（先生，怎么称呼？）
   sin¹saang¹, dim³cing¹fu¹?

5. _____（老朋友，打搅了！）
   lou⁴yau⁴, da³gaau³saai⁵!

6. _____（大哥，有什么事？）
   daai⁶lou³, yau⁴mad⁷si⁶?

【答案】（二）1. 王太，好耐冇见！2. 老细，呢排点样啊？3. 靓仔/靓女，唔该借借。4. 先生，点称呼？5. 老友，打搅晒！6. 大佬，有乜事？

三　每日学话

你响边度？　nei⁴ hoeng³bin¹dou⁶?（你在哪里？）
你要边样？　nei⁴yiu⁵bin¹yoeng⁶?（你要哪样？）

你系边位？　　nei⁴ hai⁶ bin¹ wai³?（你是哪位？）
响度做乜嘢？　　hoeng³ dou⁶ zou⁶ mad⁷ ye⁴?（在做什么？）
呢排点样啊？　　ni¹ paai² dim³ yoeng³ a⁵?（近来怎么样？）

小贴士：

一、"边"

粤语的"边bin¹"除了有普通话的"边"的意思外，还相当于普通话的"哪"，如：

边度 bin¹ dou⁶　（哪里）

边样 bin¹ yoeng⁶　（哪样）

边位 bin¹ wai³　（哪位、谁）

二、常用亲属称谓

普通话：爸爸；妈妈；爷爷；奶奶；外公；外婆

广州话：老窦；老母；阿爷；阿嫲；阿公；阿婆

粤　拼：lou⁴ dau⁶; lou⁴ mou³; a⁵ ye²; a⁵ ma²; a⁵ gung¹; a⁵ po¹

普通话：姐姐；妹妹；伯父；伯母；叔叔；叔母

广州话：家姐；阿妹；大伯；伯娘；阿叔；阿婶

粤　拼：ga¹ ze¹; a⁵ mui³; daai⁶ baag⁸; baag⁸ noeng²; a⁵ sug⁷; a⁵ sam³

普通话：舅父；舅妈；姑父；姑姑；姨夫；姨妈

广州话：舅父；舅母；姑丈；姑姐；姨丈；姨妈

粤　拼：kau⁴ fu³; kau⁴ mou⁴; gu¹ zoeng³; gu¹ ze¹; yi² zoeng³; yi² ma¹

第5天
广州话本地字，嘅呢个啲有意思

※ 考考你

前面几天的学习内容，出现了一些"口"偏旁的字，您以前可能从来没有见过。这些字都是广州话常用的方言字，学会使用这些方言特色字，说起话来才像广州话。

找一找前面几天的内容，把这些"口"旁字抄在下面的表格里，读一读。

dei⁶	ngaam¹	di¹	m²	hai⁶

扫一扫，听录音

第一课　8个"口"旁方言字

一听

听录音，看粤语拼音。

嘅	ge⁵	的
呢	ni¹	这
嗰	go³	那
啲	di¹	些、一点；的
噉	gam³	这样、那样；地
咁	gam⁵	这么、那么
嘢	ye⁴	东西、事情
乜；乜嘢	mad⁷；mad⁷ye⁴	什么

二讲

（一）嘅 ge⁵

这个字的意思同普通话"我的、你的、大家的"中的"的"字用法一样。回忆昨天的内容，猜猜下面的意思：

我哋嘅　佢嘅老友　老细嘅钱　陈太嘅　人哋嘅

(_____)

（二）呢 ni¹

千万不要把这个字当做普通话的"呢"！广州话的"呢"，意思相当于普通话的"这"。请猜猜下面的意思：

呢个　呢条　呢件几钱　呢个人　呢边　呢个大佬

(　　　　　　　　　　　　　　　　　　　　　)

（三）吶 go³

这个字的意思相当于普通话的"那"。猜猜看：

吶个　吶条　吶件甘蚊　吶个人　吶边　吶个老板娘

(　　　　　　　　　　　　　　　　　　　　　)

（四）啲 di¹

在第2天第2课的概数中出现过这个字。这个字有两个意思：

1. 表示数量很少，相当于普通话"一点点/些"。例如：

买一啲米　maai⁴yad⁷di¹mai⁴　（买些米）

食啲饭　sig⁹di¹faan⁶　（吃一点饭）

攞啲钱　lo³di¹cin³　（拿些钱）

平一啲　peng²yad⁷di¹　（便宜一点）

一斤多啲　yad⁷gan¹do¹di¹　（一斤多点）

2. 意思与"嘅"相同。用"嘅"的地方，一般也可以用"啲"。不同的是，"啲"不能放在一句话的末尾。例如：

我哋嘅钱　ngo⁴dei⁶ge⁵cin³　（我们的钱）

√我哋啲钱　ngo⁴dei⁶di¹cin³　（我们的钱）

系佢哋嘅　hai⁶ koey⁴dei⁶ge⁵　（是他们的）

×系佢哋啲

（五）噉 gam³

这个字有两个用法：

1.意思相当于普通话"这样、那样"。例如：

系噉嘅　hai⁶gam³ge⁵　（是这样的。）

人哋都话系噉　yan²dei⁶dou¹wa⁶hai⁶gam³

　　　　　　　　　　　　（人家都说是这样）

噉嘅话……　gam³ge⁵wa⁶　（这样的话……）

2. 相当于普通话"地"。例如：
一步步噉行　yad⁷bou⁶bou⁶gam³haang²　（一步步地走）
大声噉讲　daai⁶seng¹gam³gong³　（大声地说）

（六）咁 gam⁵

相当于普通话"这么好、那么多、这么快"中的"这么、那么"，表示程度。例如：

呢个咁贵！　ni¹go⁵gam⁵gwai⁵！　（这个这么贵！）
你食饭咁快！　nei⁴sig⁹faan⁶gam⁵faai⁵！（你吃饭这么快！）

（七）乜 mad⁷

这个字的意思是"什么"。例如：

做乜嘢？　zou⁶mad⁷ye⁴？　（做什么？）
佢乜都识。　koey⁴mad⁷dou¹sig⁷.　（他什么都会。）

三记

（一）下面是"呢、嗰"组成的常用词，请记牢

呢个 ni¹go⁵（这个）　　　　嗰个 go³go⁵（那个）
呢度 ni¹dou⁶（这里）　　　　嗰度 go³dou⁶（那里）
呢边 ni¹bin¹（这边）　　　　嗰边 go³bin¹（那边）
呢啲 ni¹di¹（这些）　　　　嗰啲 go³di¹（那些）
呢阵 ni¹zan⁶（这时）　　　　嗰阵 go³zan⁶（那时）
呢样 ni¹yoeng⁶（这样（东西））　嗰样 go³yoeng⁶（那样）
呢排 ni¹paai²（这阵子/最近）　嗰排 go³paai²（那阵子）

（二）听录音，背诵下列口诀歌

口旁字，要记住，啲哋嘅嘢系噉唔！
"这是""呢"，"那"是"嗰"，

呢个、吖个、呢度、吖度，咁多唔会错（co⁵）！

四练

（一）用学过的代词、称谓语、口旁字，将以下句子译成广州话

1. ——你是不是陈太太？（_____）
2. ——是我。你是王先生？（_____）
3. ——这是李先生，我们的老板。（_____）
4. ——司机大哥，这里怎么走？（_____）

（二）听录音，写出普通话句子

例如：我嘅！ ngo⁴ge⁵！ （<u>我的！</u>）

1. ——你哋嘅钱。你哋啲钱。（_____）
   nei⁴dei⁶ge⁵cin³. nei⁴dei⁶di¹cin³.

2. ——系噉嘅…… （_____）
   hai⁶gam³ge⁵……

3. ——你噉唔得！ （_____）
   nei⁴gam³m²dag⁷!

4. ——噉咪得啰！ （_____）
   gam³mai⁶dag⁷lo¹!

5. ——乜事啊？ （_____）
   mad⁷si⁶a⁵?

6. ——呢个几钱？吖个呢？ （_____）
   ni¹go⁵gei³cin³? go³go⁵ne¹?

7. ——冇吖度咁贵。 （_____）
   mou⁴go³dou⁶gam⁵gwai⁵.

【答案】（一）1. 你系唔系陈太？2. 系我。你系王生？3. 呢个系李生，我哋嘅老细。4. 司机大佬，呢度点行？

（二）1. 你们的钱。2. 是这样/那样的……3. 你这样/那样不行！4. 这样/那样就行啰！5. 什么事啊？6. 这个多少钱？那个呢？7. 没那里那么贵。

第二课　是否有冇，肯定否定

一听

唔	ng^2/m^2	唔系、唔好、唔得、唔知、唔识、唔啱、唔通、唔使	不
未	mei^6	未有、未得、未使、未知	还没有、还不
有	yau^4		有
冇	mou^4		没有
系	hai^6		是
咩	me^1	系咩？好咩？你咩？	吗
咪	mai^4	咪问、咪搞、咪嘈	别
咪	mai^6		就

二讲

（一）咪 mai^4

相当于普通话的"别、不要"，表示不准、禁止的意思。如：

咪嘈！　　$mai^4 cou^2$！　　　　（别吵！）

咪问我！　$mai^4 man^6 ngo^4$！　（别问我！）

咪住！　　mai⁴zyu⁶！　　　　　（等下！）

咪郁！　　mai⁴yug⁷！　　　　　（别动！）

咪走！　　mai⁴zau³！　　　　　（别跑！）

咪呃我！　mai⁴ngaag⁷ngo⁴！　　（别骗我！）

咪搞我！　mai⁴gaau³ngo⁴！　　（别算上我！）

咪乱嚟！　mai⁴lyun³lai²！　　　（别乱来！）

咪使指拟！mai⁴sai³zi³yi⁴！　　（想都别想！别指望！）

（二）咪 mai⁶

注意，这个字与上面的字写法一样，但声调和意义完全不同，不要混淆。相当于普通话的"就"，常常与"系"连用，表达"不就、不就是"的反诘语气。例如：

咪系！mai⁶hai⁶（就是！）

咪就系吀百蚊！两百蚊都得！mai⁶zau⁶hai⁶go⁵baag⁸man¹！loeng⁴baag⁸man¹dou¹dag⁷！（不就是那100元！200元都行！）

（三）咩 me¹

语气词，相当于普通话的"吗"。例如：

系咩？　hai⁶me¹？（是吗？）

噉都得咩？gam³dou¹dag⁷me¹？（这样也行吗？）

呢个系佢哋嘅咩？ni¹go⁵hai⁶koey⁴dei⁶ge⁵me¹？（这个是他们的吗？）

（四）系 hai⁶、唔 ng²/m²

这两个字很常用。"系"相当于普通话的"是"。"唔"相当于普通话的"不"。下面都是包含"唔"的词，也是广州话很有特色的说法。例如：

唔系　m²hai⁶（不是）

唔得　m²dag⁷（不行、不可以）

唔该	m²goi¹	（对不起；谢谢）
唔好	m²hou³	（不好）
唔知	m²zi¹	（不知道）
唔识	m²sig⁷	（不认识；不会）
唔多	m²do¹	（不大；不多）
唔通	m²tung¹	（难道）
唔啱	m²ngaam¹	（不对，不合适）
唔使	m²sai³	（用不着，不必）

（五）有 yau⁴、冇 mou⁴

这是广州话最常用的一对反义词，相当于普通话"有"和"没有"。它们可以组成许多特色说法。例如：

有排	yau⁴paai²	（还久着呢）
有着数	yau⁴zoeg⁹sou⁵	（有便宜占、有油水）
有米	yau⁴mai⁴	（有钱）
有分数	yau⁴fan¹sou⁵	（有分寸）
有心	yau⁴sam¹	（有心了）
有瘾	yau⁴yan⁴	（有意思）
有嘢睇	yau⁴ye⁴tai³	（有东西看）
有得倾	yau⁴dag⁷king¹	（有商量）
冇几耐	mou⁴gei³noi⁶	（没多久）
冇乜	mou⁴mad⁷	（没什么）
冇计	mou⁴gai³	（没办法）
冇行	mou⁴hong²	（没戏、没机会）
冇声气	mou⁴seng¹hei⁵	（没动静）
冇嘢讲	mou⁴ye⁴gong³	（没什么可说的）
冇所谓	mou⁴so³wai⁶	（无所谓）

冇料　　　mou⁴liu³　　　（没能力）
冇眼睇　　mou⁴ngaan⁴tai³　（看不下去）
冇得倾　　mou⁴dag⁷king¹　（没商量）
冇瘾　　　mou⁴yan⁴　　　（没意思）

（六）未 mei⁶

广州话的"未"，相当于普通话"还没有、还不"。例如：
我哋未知。　　　　ngo⁴dei⁶mei⁶zi¹.（我们还不知道。）
唔通你未食饭咩？　m²tung¹nei⁴mei⁶sig⁹faan⁶me¹?
（难道你还没有吃饭吗？）
呢个未得。　　　　ni¹go⁵mei⁶dag⁷.（这个还不行。）
吤啲未够。　　　　go³di¹mei⁶gau⁵.（那些还不够。）
未使。　　　　　　mei⁶sai³.（先不用。）

请注意和"冇"区别。"冇"表示没有，"未"表示还没有。比较下面两句话：
我冇去。ngo⁴mou⁴hoey⁵.（我没有去。）
我未去。ngo⁴mei⁶hoey⁵.（我还没有去。）

三记

广州话"系唔有冇"这四个字非常重要，务必熟记。
我唔得，佢唔得，唔通我哋都冇行？
你唔知，佢唔识，唔通你哋都冇计？
我唔啱，佢唔啱，噉我哋冇得倾！
（我不行，他不行，难道我们都没戏？）
（你不知，他不会，难道你们都没办法？）
（我不对，他不对，这样我们没什么好说。）

四练

听录音,看拼音,复习学过的内容,翻译成普通话。

1. ——系唔系噉啊?（_____）
   $hai^6 m^2 hai^6 gam^3 a^5$?

2. ——唔系噉啊!（_____）
   $m^2 hai^6 gam^3 a^5$!

3. ——系嘅!系嘅!（_____）
   $hai^6 ge^5$! $hai^6 ge^5$!

4. ——你有冇……?（_____）
   $nei^4 yau^4 mou^4$……?

5. ——有!/有好多!/有少少!（_____）
   yau^4! /$yau^4 hou^3 do^1$! /$yau^4 siu^3 siu^3$!

6. ——冇!/乜都冇!/未有!（_____）
   mou^4! /$mad^7 dou^1 mou^4$! /$mei^6 yau^4$!

7. ——依家未使去。（_____）
   $yi^2 ga^1 mei^6 sai^3 hoey^5$.

8. ——今日唔使……。（_____）
   $gam^1 yad^9 m^2 sai^3$…….

【答案】1. 是不是这样啊? 2. 不是这样啊! 3. 是的!是的! 4. 你有没有……? 5. 有!/有很多!/有一点点! 6. 没有!/什么都没有!/还没有! 7. 现在还不用去。 8. 今天不用……。

每日学话

有冇搞错！	yau^{4}mou^{4}gaau^{3}co^5！	（有没有搞错！）
冇乜嘢。	mou^{4}mad^{7}ye^4.	（没什么。）
系噉先啦！	hai^{6}gam^{3}sin^{1}la^1！	（先这样吧！）
信你唔过。	soen^{5}nei^{4}m^{2}gwo^5.	（不相信你。）
信得过你。	soen^{5}dag^{7}gwo^{5}nei^4.	（相信你。）

扫一扫，听录音

第6天
衣食住行多词语，先要学会常用字

※ 考考你

试读下面的粤语拼音，注意促声调的读音。

yab⁹ sad⁹ yim⁶ sad⁷ zig⁷ haag⁷ gam⁶ gan³ gab⁷ zai⁵！
入　实　验　室　即　刻　撳　紧　急　制！

第一课　衣食住行词语多，首先记住十几个

广州话有许多表示日常衣食住行的动词，很有特色，与普通话说法不完全相同。这些字经常用到。

▶ 一听

下面是表达五官、肢体动作的动词。

广州话	粤语拼音	普通话
睇	tai^3	看
见	gin^5	见；看见
听	teng^1	听；话
话	wa^6	说
讲	gong^3	说
问	man^6	问
食	sig^9	吃
饮	yam^3	喝
闻	man^2	嗅
叫	giu^5	喊、叫
喊	haam^5	哭
行	haang^2	走
坐	co^4	坐
企	kei^4	站
走	zau^3	跑、离开
瞓	fan^5	睡，躺
知	zi^1	知道
识	sig^7	懂
谂	nam^3	想

二讲

（一）睇 tai^3、见 gin^5

"睇"是广州话的特色字，意思相当于普通话的"看"，广州话口语一般不说"看"。"见"相当于普通话"看见"的意思。

（二）话 wa^6、讲 gong^3、听 teng^1、问 man^6

广州话的"听、问"和普通话用法一样。

普通话的"说"在广州话里经常不用"说"，多数情况下用

"讲"、"话"。例如：

普通话：你说什么?

广州话：你讲/话乜嘢? nei⁴gong³/wa⁶mad⁷ye⁴?

普通话：我没有说他。

广州话：我冇讲/话佢。ngo⁴mou⁴gong³/wa⁶koey⁴.

普通话：你是不是说笑（开玩笑）?

广州话：你系唔系讲笑? nei⁴hai⁶m²hai⁶gong³siu⁵?

（三）食 sig⁹、饮 yam³、闻 man²

"吃饭、吃糖"的"吃"，广州话要说"食"。"喝水、喝酒、喝茶"等液体的食品，广州话要说"饮水 yam³soey³、饮酒 yam³zau³、饮茶 yam³ca²"。用鼻子闻说"闻"不说"嗅"。

（四）叫 giu⁵、喊 haam⁵

广州话"叫"相当于普通话的"叫、喊"，"喊"相当于普通话的"哭"。如：

咪叫! mai⁴giu⁵!（别叫！别喊！）

咪喊! mai⁴haam⁵!（别哭！）

（五）企 kei⁴、行 haang²、走 zau³、瞓 fan⁵

"企"和"瞓"都是广州话较有特色的词，相当于普通话的"站"和"睡"。

普通话走路的"走"字，广州话要说"行"。广州话的"走"相当于普通话"跑、离开"的意思。例如：

啱啱行开咗。ngaam¹ngaam¹haang²hoi¹zo³.（刚刚走开了。）

佢哋走咗。koey⁴dei⁶zau³zo³.（他们跑/离开了。）

走鬼 zau³gwai³（大街上无证经营，看到城管就跑的小摊贩）

（六）知 zi¹、识 sig⁷、谂 nam³

1. 广州话用单独一个"知"字表示"知道"。例如：

——陈太琴晚老咗。（陈太太昨晚去逝了。）
can²taai³kam²maan⁴lou⁴zo³.

——我知。ngo⁴zi¹.（我知道。）

——佢系我大佬，你知唔知？（他是我哥，你知不知道？）
koey⁴hai⁶ngo⁴daai⁶lou³, nei⁴zi¹m²zi¹?

——我唔知。ngo⁴m²zi¹.（我不知道。）

2. 广州话的"识"字，有两个意思：一是表示"认识"，二是表示"懂得、会"。例如：

——你识唔识吓个靓仔？（你认不认识那个帅哥？）
nei⁴sig⁷m²sig⁷go³go⁵leng⁵zai³?

——佢系陈太嘅细佬，我识佢。（他是陈太太的弟弟，我认识他。）koey⁴hai⁶can²taai³ge⁵sai⁵lou³, ngo⁴sig⁷koey⁴.

——你识唔识讲粤语？（你会不会说粤语？）
nei⁴sig⁷m²sig⁷gong³yud⁹yu⁴?

3. 广州话的"谂"字，表示心理活动"想"和"考虑"事情。例如：

——你喺度谂乜嘢？（你在想什么？）
nei⁴hai³dou⁶nam³mad⁷ye⁴?

——你谂下，得唔得？（你想一下，行不行？）
nei⁴nam³ha⁴, dag⁷m²dag⁷?

三练

（一）将下列词语翻译成广州话

1. 好看（　　）　　3. 睡醒（　　）

2. 吃饭（　　）　　4. 知道一些（　　）

5. 喝水（　　　）　　8. 想一下（　　　）

6. 站好（　　　）　　9. 懂一点点（　　　）

7. 走开（　　　）　　10. 别哭（　　　）

（二）听录音，跟着读，翻译成普通话

1. ——冇乜好睇嘅。　　　　（　　　　　　）

   mou^{4}mad^{7}hou^{3}tai^{3}ge^5.

2. ——食多啲！咪客气！　　（　　　　　　）

   sig^{9}do^{1}di^1! mai^{4}haag^{8}hei^5!

3. ——去饮早茶。　　　　　（　　　　　　）

   hoey^{5}yam^{3}zou^{3}ca^2.

4. ——行开！　　　　　　　（　　　　　　）

   haang^{2}hoi^1!

5. ——企定！咪郁！　　　　（　　　　　　）

   kei^{4}ding^6! mai^{4}yug^7!

6. ——识讲少少粤语。　　　（　　　　　　）

   sig^{7}gong^{3}siu^{3}siu^{3}yud^{9}yu^4.

7. ——你知唔知……？　　　（　　　　　　）

   nei^{4}zi^{1}m^{2}zi^1……?

8. ——你啱啱问乜？　　　　（　　　　　　）

   nei^{4}ngaam^{1}ngaam^{1}man^{6}mad^7?

9. ——谂成点啊？　　　　　（　　　　　　）

   nam^{3}sing^{2}dim^{3}a^5?

10. ——咪乱讲。　　　　　　（　　　　　　）

    mai^{4}lyun^{3}gong^3.

【答案】（一）1. 好睇 2. 食饭 3. 饮水 4. 企定 5. 行开 6. 瞓醒 7. 知一啲 8. 谂下 9. 识小小 10. 咪喊。（二）1. 没

什么好看的。2. 多吃点儿！别客气！3. 去喝早茶。4. 走开！5. 站好！别动！6. 会说一点点粤语。7. 你知不知道……？8. 你刚刚问什么？9. 想/考虑得怎么样啦？10. 别乱说。

第二课　"紧住咗晒"跟动词，表达进行、完成时

一听

紧	食紧 sig⁹gan³	正在吃
喺度	喺度讲（紧）hai³dou⁶gong³（gan³）	正在说
住	听住 teng¹zyu⁶	听着
实	睇实 tai³sad⁹	看紧
咗	饮咗 yam³zo³	喝了
晒	识晒 sig¹saai⁵	全都会了

二讲

广州话"紧、住、晒""咗"这几个字，经常用在动词后面，表示动作正在发生、进行和完成等意思。

（一）紧 gan³

1. "紧"跟在动词后面，表示动作正在进行。例如：
——人哋等紧你。yan²dei⁶dang³gan³nei⁴.（人家正在等你。）
——佢依家饮紧茶。koey⁴yi²ga¹yam³gan³ca².（他现在正在喝茶。）

2. "喺度"也可以表示动作正在进行，但要放在动词前面。动

词前面用了"啄度",后面的"紧"字可有可无。例如:

——啄度谂(紧)乜? hai³dou⁶nam³(gan³)mad⁷?(正在想什么?)

——啄度话(紧)你啊! hai³dou⁶wa⁶(gan³)nei⁴a⁵!(正在说你呢!)

3. "啄度"也可以换成"啄处hai³syu⁵、响度hoeng³dou⁶、响处hoeng³syu⁵"。例如:

——我哋啄度/啄处/响度/响处/食(紧)饭。(我们正在吃饭。)ngo⁴dei⁶hai³dou⁶/hai³syu⁵/hoeng³dou⁶/hoeng³syu⁵sig⁹(gan³)faan⁶.

(二)住zyu⁶、实sad⁹

1. "住"字表示动作行为相关状态的持续,意思相当于普通话"看着""拿着""写着""放着"中的"着"字。例如:

——睇住佢! tai³zyu⁶koey⁴! (看着他!)

——食住等佢。sig⁹zyu⁶dang³koey⁴.(边吃边等他。)

——坐住食饭。co⁴zyu⁶sig⁹faan⁶.(坐着吃饭。)

2. "实"字也可以表示动作行为相关状态的持续,大致相当于普通话的"紧"。广州话的"实"字,用的地方不多,只限于几个动词,如:睇、听、挼(lo³拿)、闩(saan¹关)等等。例如:

——睇实啲。tai³sad⁹di¹.(看紧一点儿。)

——晚黑呢度门要闩实啲。(晚上这扇门要关紧一点。)maan⁴hag⁷ni¹dou⁶mun²yiu⁵saan¹sad⁹di¹.

(三)咗zo³、晒saai⁵

1. 广州话"咗"表示动作已经完成,意思相当于普通话"吃过""走了"中的"过""了"。例如:

——我哋食咗饭。 ngo⁴dei⁶sig⁹zo³faan⁶.(我们吃过饭了。)

——饮咗少少酒。 yam³zo³siu³siu³zau³.（喝了一点酒。）

——讲咗好多。 gong³zo³hou³do¹.（说了好多。）

——啱啱行开咗。 ngaam¹ngaam¹haang²hoi¹zo³.（刚刚走开了。）

2."晒"也表示动作或事情完成，但与"咗"意思不同。"晒"表示程度，意思是"全部……光了""都……完了"。例如：

——食晒饭。 sig⁹saai⁵faan⁶.（吃完饭了。/饭都吃完了。）

——呢本书我睇晒啦。 ni¹bun³syu¹ngo⁴tai³saai⁵la⁶.（这本书我看完了。）

——通通识晒。 tung¹tung¹sig⁷saai⁵.（全都懂了。）

三记

下面的顺口溜可以帮助您熟悉动词词尾的用法——

住、咗、喺度、晒、实、紧；

动词词尾要记清。

等着你，等紧你；

站着说，企住讲；

吃了吃过用"食咗"；

吃完吃光说"食晒"。

四练

（一）听录音，把句子翻译成普通话

1. ——喺度讲紧乜啊？ （_____）

　　hai³dou⁶gong³gan³mad⁷a⁵?

2. ——佢听紧电话。　　（_____）
    koey⁴teng¹gan³din⁶wa³.

3. ——家阵忙紧乜?　　（_____）
    ga¹zan³mong²gan³mad⁷?

4. ——你谂住点算?　　（_____）
    nei⁴nam³zyu⁶dim³syun⁵?

5. ——食咗饭未?　　（_____）
    sig⁷zo³faan⁶mei⁶?

(二) 用"紧、喺度、住、实、咗、晒"填空

1. ——睇__啲啊!（看紧一点!）
    tai³sad⁹di¹a⁵!

2. ——我唔见__银包!（我的钱包不见了!）
    ngo⁴ m²gin⁵zo³ ngan²baau¹!

3. ——买__几件衫。（买了几件衣服。）
    maai⁴zo³gei³gin⁶ saam¹.

4. ——识__未?（都懂了没?）
    sig⁷saai⁵mei⁶?

5. ——咪阻__!（别挡着!）
    mai⁴zo³ zyu⁶!

6. ——咪嘈!老窦__瞓__。（别嘈!爸正在睡觉。）
    mai⁴cou²! lou⁴dau⁵hai³dou⁶fan⁵gan³.

【答案】（一）1. 在说什么呢? 2. 他在听电话。3. 现在在忙什么? 4. 你想怎么办? 5. 吃过饭了吗? （二）1. 实 2. 咗 3. 咗 4. 晒 5. 住 6. 喺度，紧

每日学话

睇住！隐住！　　tai³zyu⁶! yan¹zyu⁶!（看着！当心！）

你话事啦。　　nei⁴wa⁶si⁶la¹!（你说了算。你拿主意吧。）

讲嚟听下。　　gong³lai²teng¹ha⁴.（说来听听。）

得唔得闲啊？　　dag⁷m²dag⁷haan²a⁵?（有空吗？）

得闲。/唔得闲。　　dag⁷haan²./m²dag⁷haan².（有空。/没空。）

第一课　衣食住行常用词

听录音、跟着读，留意前面几个特色动词。

畀	bei³	畀咗 bei³zo³	给了
揾	wan³	揾紧 wan³gan³	正在找
攞	lo³	攞实 lo³sad⁹	拿紧
做	zou⁶	做晒 zou⁶saai⁵	做完了/干完了
搞	gaau³	搞紧 gaau³gan³	正在搞
买	maai⁴	买住先 maai⁴zyu⁶sin¹	先买着
得	dag⁷	得咗 dag⁷zo³	行了
用	yung⁶	用晒 yung⁶saai⁵	用完了
要	yiu⁵	要晒 yiu⁵saai⁵	全要了
到	dou⁵	到咗 dou⁵zo³	到了

来（嚟）	lai²	来紧 lai²gan³	正在来
去	hoey⁵	去住先 hoey⁵zyu⁶sin¹	先去着
返	faan¹	返咗 faan¹zo³	回来了
出	coed⁷	出紧 coed⁷gan³	正在出去
试	si⁵	试住先 si⁵zyu⁶sin¹	先试着
会	wui⁴	会晒 wui⁴saai⁵	全会了/全懂了

二讲

广州话有不少经常用到的动词，说法很有地方特色，跟普通话不完全相同。

（一）畀 bei³

这个字是广州话的特色字，意思是"给"。例如：

——畀咗佢。bei³zo³koey⁴.（给了他。）

——咪畀佢。mai⁴bei³koey⁴.（别给他。）

——唔使畀钱。m²sai³bei³cin³.（不用给钱。）

广州话要表达"给（某人）（东西）"，用法比较特殊。例如：

普通话：给我一本书。

广州话：畀本书我。bei³bun³syu¹ngo⁴.

普通话：给他一点零钱。

广州话：畀啲散纸佢。bei³di¹saan³zi³koey⁴.

从上面的例子可以看出，普通话是人在前、物在后；而广州话的说法常常是物在前、人在后。后面将会有更详细的讲解。

（二）揾 wan³

这个字也是广州话很常用的特色字，相当于普通话的"找"。例如：

揾工 wan³gung¹（找工作）

揾食 wan³sig⁹（找吃的，找饭碗）

揾钱 wan³cin³（找钱，挣钱）

揾边个 wan³bin¹go⁵（找谁）

只鸡喺度揾食 zeg⁸gai¹hai³dou⁶wan³sig⁹（鸡正在找食物）

（三）攞 lo³

广州话的"攞"，即"拿"的意思，也是一个很有特色的字。这个字相当于普通话的动词"拿"。例如：

攞嘢 lo³ye⁴（拿东西）　　攞实 lo³sad⁹（拿紧）

攞钱 lo³cin³（拿钱）　　攞住 lo³zyu⁶（拿着）

（四）返 faan¹

表示"回来、回去"。例如：

佢返咗屋企。koey⁴faan¹zo³ug⁷kei³.（他回家了。）

另外，"上班""上学"在广州话说成：返工 faan¹gung¹、返学 faan¹hog⁹。

三练

（一）听录音，跟着读，翻译成普通话

1. ——做晒未啊？　　（　　　　　）

　　zou⁶saai⁵mei⁶a⁵?

2. ——畀廿斤半我。　　（　　　　　）

　　bei³ya⁶gan¹bun⁵ngo⁴.

3. ——你攞住呢啲散纸先。（　　　　　）

　　nei⁴lo³zyu⁶ni¹di¹saan³zi³sin¹.

4. ——揾到未？　　（　　　　　）

　　wan³dou³mei⁶?

5. ——试下呢件衫啱唔啱？（_____）
　　si⁵ha⁴ni¹gin⁶saam¹ngaam¹m²ngaam¹?

（二）听录音，看粤拼，试写出广州话句子

1. cad⁷dim³cin²faan¹dou⁵.　　　（_____）
   七点前回到。

2. ngo⁴lai²gan³la⁵！dang³ha⁴ ngo⁴.（_____）
   我正在来！等我一下。

3. leng⁵yi¹, maai⁴zo³ mad⁷a⁵?　　（_____）
   靓姨，买了什么啊？

4. koey⁴hoey⁵zo³bin¹dou⁶a⁵?　　（_____）
   他去了哪里了？

5. ham⁶baang⁶laang⁶yiu⁵saai⁵.　　（_____）
   全部都要了。

【答案】（一）1. 做完了吗？2. 给我20.5斤。3. 你先拿着这些零钱。4. 找到了吗？5. 试试这件衣服合不合适？

（二）1. 七点前返到。2. 我来紧啦！等下我。3. 靓姨，买咗乜啊？4. 佢去咗边度啊？5. 冚唪唥要晒。

第二课　"嚟过下开翻"，动词尾不能忘

▶一听

| 起嚟 | hei³lai² | 做起嚟 zou⁶hei³lai² | 做起来 |

嚟	lai²	（啱）去嚟 （ngaam¹）hoey⁵lai²	（刚）去过
过	gwo⁵	去过hoey⁵gwo⁵	去过
下	ha⁴	试下si⁵ha⁴	试试、试一下
开	hoi¹	用开yung⁶hoi¹	一向用、习惯用
翻	faan¹	揾翻wan³faan¹	找回

二讲

（一）起嚟、起上嚟（hei³lai²、hei³soeng⁴lai²）、起身（hei³san¹）

这几个词在广州话中，经常用在动词后面，表示动作或状况刚刚开始。相当于普通话"听起来""说起来""看起来""好起来"中的"起来"。例如：

——睇起嚟几好！ tai³hei³lai²gei³hou³!（看起来不错！）

——讲起上嚟又系 gong³hei³soeng⁴lai²yau⁶hai⁶（说起来也是）

——听起身冇错 teng¹hei³san¹mou⁴co⁵（听起来没错）

（二）嚟、过

1. "嚟、过"单独和动词一起使用，相当于普通话的"吃过、做过、来过"中的"过"字，表示发生过动作或行为。例如：

——我啱啱用完嚟 ngo⁴ngaam¹ngaam¹yung⁶yun²lai²（我刚刚用过）

——琴日先试过 kam²yad⁹sin¹si⁵gwo⁵（昨天才试过）

——呢本书我睇完嚟 ni¹bun³syu¹ngo⁴tai³yun²lai²（这本书我看过）

不过，"嚟"更强调最近的事情，表示刚刚经历过。例如：

——我去完嚟 ngo⁴hoey⁵yun²lai²（我刚去过）

——我去过 ngo⁴hoey⁵gwo⁵（只表示我去过，不一定刚刚去过）

——啱啱讲完嚟 ngaam¹ngaam¹gong³yun²lai²（刚刚说过）

——讲过 gong³gwo⁵（以前说过，不是最近说的。）

2. "过"和"嚟"合用。如：

——睇过嚟 tai³gwo⁵lai²（看过）

——揾过嚟 wan³gwo⁵lai²（找过）

（三）开

这个字在广州话中作为动词词尾，意义特别。表示动作行为的持续，相当于普通话的"一直……"、"素来……"、"一向"。例如：

——我用开呢个 ngo⁴yung⁶hoi¹ni¹go⁵（我一直在用这个）

——佢饮开早茶 koey⁴yam³hoi¹zou³ca²（他一向都喝早茶）

（四）翻

广州话"翻"字和动词一起使用，表示重新回到原来的状态。这个字也是一个常用的特色字。例如：

——揾翻未 wan³faan¹mei⁶（找回没）

——睇翻书 tai³faan¹syu¹（原来在看书，中途做别的事，现在又来看书）

——坐翻好 co⁴faan¹hou³（像原来那样坐好）

——啲钱你攞翻去 di¹cin³nei⁴lo³faan¹hoey⁵（钱你拿回去）

（五）就嚟（zau⁶lai²）、落去（log⁹hoey⁵）

1. "就嚟"相当于普通话"就要"。例如：

——就嚟食饭 zau⁶lai²sig⁹faan⁶（就要吃饭）

——就嚟到你 zau⁶lai²dou⁵nei⁴（就要到你）

2. "落去"相当于普通话的"下去"。例如：

行落去 haang²log⁹hoey⁵（走下去）

做落去 zou⁶log⁹hoey⁵ （做下去）
讲落去 gong³log⁹hoey⁵ （说下去）

三记

请记住下面的顺口溜，熟悉动词词尾的用法——
嚟、过、下、开、翻，
动词词尾要记清。
"行过、去嚟"已过去；
"试下"又有乜所谓；
"用开"呢个就咪换；
"坐翻好嚟""睇翻"书。

四练

（一）听录音，把句子翻译成普通话

1. ——呢个睇起身唔错。　　　　（　　　　　　）
   ni¹go⁵tai³hei³san¹m²co⁵.

2. ——啱啱先讲嚟。　　　　　　（　　　　　　）
   ngaam¹ngaam¹sin¹gong³lai².

3. ——揾过晒都揾唔到。　　　　（　　　　　　）
   wan³gwo⁵saai⁵dou¹wan³m²dou³.

4. ——噉落去唔系办法。　　　　（　　　　　　）
   gam³log⁹hoey⁵m²hai⁶baan⁶faad⁸.

5. ——用开边只牌子？　　　　　（　　　　　　）
   yung⁶hoi¹bin¹zeg⁸paai²zi³?

6. ——你出翻去先。　　　　　　（　　　　　　）
　　nei⁴coed¹faan¹hoey⁵sin¹.

（二）用"嚟、就嚟、过、下、开、翻"填空

1. ——你做＿乜嘢工？　　　　　（你一直做什么工作？）
　　nei⁴zou⁶hoi¹mad⁷ye⁴gung¹?

2. ——＿十点啦！　　　　　　　（就要十点了！）
　　zau⁶lai²sab⁹dim³la⁵!

3. ——整唔整得＿？　　　　　　（修不修得好？）
　　zing³m²zing³dag⁷faan¹?

4. ——你试＿先讲啦。　　　　　（你试试再说吧。）
　　nei⁴si⁵ha⁴sin¹gong³la¹.

【答案】（一）1. 这个看起来不错。2. 刚刚才说过。3. 全找过了都找不到。4. 这样下去不是办法。5. 一直在用哪个品牌？6. 你先出去。

（二）1. 开　2. 就嚟　3. 翻　4. 下

三 每日学话

点解？	dim³gaai³?	为什么？
点算？	dim³syun⁵?	怎么办？
点样？	dim³yoeng³?	怎么样？
点睇？	dim³tai³?	怎么看？
搞掂！	gaau³dim⁶!	搞定！

> **小贴士**
>
> 广州话"点dim³"是一个常用的词。我们在前面学时间表达时,"点"是作"点钟"解,其实"点"在广州话中还有"怎么、怎样"的意思,如:
>
> 点算　　dim³syun⁵　　(怎么办)
> 点卖　　dim³maai⁶　　(怎么卖)
> 点行　　dim³haang²　　(怎么走)
> 点讲　　dim³gong³　　(怎么说)

扫一扫，听录音

第8天
评人品物议事，务必知道形容词

第一课 几组反义形容词

表中是广州话常用的几组反义形容词，注意其中的特殊说法。

广州话		普通话
好hou³	衰soey¹、烂laan⁶	好—衰、烂
坏waai⁶	好hou³	坏—好
多do¹	少siu³	多—少
大daai⁶	细sai⁵	大—小
高gou¹	矮ai³、低dai¹	高—矮、低
冻dung⁵	热yid⁹	冷—热
快faai⁵	耐noi⁶、慢maan⁶	快—久、慢
远yun⁴	近kan⁴	远—近
难naan²	易yi⁶	难—易

（续表）

广州话		普通话
早zou³	迟ci²、晏aan⁵	早—迟、晚
新san¹、新净san¹zeng⁶	旧gau⁶	新—旧、老
靓leng⁵	丑cau³	美—丑
啱ngaam¹	错co⁵	对—错

（一）衰、烂

1. 这两个字在广州话中使用率非常高。凡是不好的、坏的、差的，都可以用"衰"、"烂"来形容。一般情况下，"衰"主要用来说人，"烂"既可以用来说人，也可以用来说事。正如普通话也有"破烂事"、"破玩意儿"这样的说法一样，普通话说"破"，广州话一定要说"烂"。例如：

衰人　soey¹yan²　（坏人）
衰仔　soey¹zai³　（坏小子）
衰佬　soey¹lou³　（坏男人）
烂仔　laan⁶zai³　（二流子、小流氓）
烂衫　laan⁶saam¹　（破衣服）

2. 广州话说人、说事时，也用"坏"字。"衰"说人的时候，没有说"坏"那么坏。例如：

——佢系衰人。koey⁴hai⁶soey¹yan²。（他不是好人。）
——佢系坏人。koey⁴hai⁶waai⁶yan²。（他是坏人。）

（二）细

广州话"大"的反义词是"细"，即"细小"之义。

大人daai⁶yan²（大人）——细路sai⁵lou⁶（小孩）

大块daai⁶faai⁵（大块）—— 细块sai⁵faai⁵（小块）
大声daai⁶seng¹（大声）—— 细声sai⁵seng¹（小声）

（三）冻、耐、新净、啱、靓

1. 广州话要表达天气寒冷、冷水、冷食品，都要说"冻"，不说"冷"。例如：

今日好冻。gam¹yad⁹hou³dung⁵.（今天很冷。）
水有啲冻。soey³yau⁴di¹dung⁵.（水有点冷。）
我唔怕冻。ngo⁴m²pa⁵dung⁵.（我不怕冷。）

2. "耐"相当于普通话的"久"的意思，而"新净"带有"新"和"干净"之意。

等咗你哋好耐！dang³zo³nei⁴dei⁶hou³noi⁶！（等了你们好久！）
你件衫噉新净嘅？nei⁴gin⁶saam¹gam⁵san¹zeng⁶ge³？（你的衣服这么新的？）

3. "啱"在这里的意思是"对的、合适、正确"，可以指人，也可以说事情正确、衣服合适、物品合格，等等。例如：

——呢件唔啱。ni¹gin⁶m²ngaam¹.（这件不好；这件不合适。）
——系你唔啱。hai⁶nei⁴m²ngaam¹.（是你不对。）
——啱唔啱？啱！ngaam¹m²ngaam¹？ngaam¹！
（合不合适？合适！/对不对？对！）

4. "靓"有两个意思：一是形容人漂亮、美丽、英俊。例如前面学过的"靓女、靓仔"等等。二是形容物品质量好。例如，菜市场卖菜的说菜"好靓"，卖肉的也说猪肉"靓"。总之，质量好的、漂亮的、精致的东西，都可以说"靓"。

三练

（一）听录音，根据粤拼填形容词，并把句子翻译成普通话

1. ——我搞___咗。　　　　（_____）
   ngo⁴gaau³co⁵zo³.

2. ——你话边个___啲?　　　（_____）
   nei⁴waa⁶bin¹go⁵san¹zeng⁶di¹?

3. ——未使咁___。　　　　（_____）
   mei⁶sai³gam⁵zou³.

4. ——呢个唔系咁___。　　（_____）
   ni¹go⁵m²hai⁶gam⁵leng⁵.

5. ——今日几___下。　　　（_____）
   gam¹yad⁷gei³dung⁵ha⁴.

6. ——去你屋企要几___?　　（_____）
   hoey⁵nei⁴ug⁷kei³yiu⁵gei³noi⁶?

7. ——我噉做___唔___?　　（_____）
   ngo⁴gam³zou⁶ngaam¹m²ngaam¹?

8. ——佢份人冇咁___嘅。　（_____）
   koey⁴fan⁶yan²mou⁴gam⁵soey¹ge⁵.

（二）听录音，组词成句

1. yung⁶laan⁶zo³loeng⁴tiu².
   条 烂 两 咗 用（坏了两条。）
   _____。

2. sai⁵zo³gei³do¹?
   几 多 咗 细（小了多少?）
   _____。

3. maai⁴daai⁶go⁵di¹ge⁵.
   大 嘅 个 买 啲（买大一点的。）
   _____。

4. hou³faan¹saai⁵mei⁶?
   晒 翻 好 未（你好/痊愈了没？）
   _____。

5. koey⁴gong³ngaam¹saai⁵.
   佢 晒 啱 讲（他全说对了。）
   _____。

【答案】（一）1. 错；我搞错了。2. 新净；你说哪个新一点？3. 早；不用这么早。 4. 靓；这个不是那么漂亮。5. 冻；今天挺冷的。 6. 耐；去你家要多久？7. 啱、啱；我这样做对不对？ 8. 衰；他这人没那么坏的。

（二）1. 用烂咗两条。2. 细咗几多？3. 买大个啲嘅。4. 好翻晒未？5. 佢讲啱晒。

第二课 谈人品物议事，再记几个程度词

广州话	粤拼	举例	普通话
仲	zung⁶	仲靓（更漂亮）	更、还
几……（下）	gei³……（ha⁴）	几冻下（挺冷的）	挺、颇
太过	taai⁵gwo⁵	太过细（太小）	过于、太……
……得滞	dag⁷zai⁶	衰得滞（太坏）	过于、太……

（续表）

广州话	粤拼	举例	普通话
零舍	ling²se⁵	零舍新净（特别新）	格外、特别
至	zi⁵	至啱（最合适）	最；才

二讲

（一）仲

广州话在比较、评比人或事物的时候，经常用"仲"表示一个比一个"更……"、"还……"。例如：

——呢个比吓个仲好。（这个比那个还好/更好。）

　　ni¹go⁵bei³go³go⁵zung⁶hou³.

——佢晏，你仲晏。（他晚，你更晚。）

　　koey⁴aan⁵, nei⁴zung⁶aan⁵.

——佢嘅钱仲多。（他的钱更多。）

　　koey⁴ge⁵cin³zung⁶do¹.

（二）几

在第2天第2课曾经学过，广州话"几"表示数量，意思是"多少"。

"几"还有一种用法，和形容词一起使用，表示程度，意思是"挺、颇、很"。例如：

几靓	gei³leng⁵	（挺漂亮）
几高下	gei³gou¹ha⁴	（挺高的）
几新净下	gei³san¹zeng⁶ha⁴	（挺新的）
几好	gei³hou³	（很好，挺好）
几乖	gei³gwaai¹	（很乖，挺乖）
几静	gei³zing⁶	（很安静，挺静的）

"几"也可以和"下"配合使用。

(三)太过、得滞

1. "太过"一般放在好坏、高低、大小、美丑等等形容词的前面,意思是"过于、太"。例如:

太过细个　　　taai⁵gwo⁵sai⁵go⁵　　　　　　(太小)
太过丑样　　　taai⁵gwo⁵cau³yoeng³　　　　(太丑)
太过矮　　　　taai⁵gwo⁵ai³　　　　　　　　(太过矮)
呢条线太过长　ni¹tiu²sin⁵taai⁵gwo⁵coeng²　(这条线太长)

2. "得滞"也有"过于、太"的意思。请注意:"得滞"只能放在句子末尾,而且只能用于肯定句。例如:

——短得滞。dyun³dag⁷zai⁶.(太短。)

——人哋等你耐得滞。　　　(人家等你太久。)
　　yan²dei⁶dang³nei⁴noi⁶dag⁷zai⁶.

——今日晏得滞。　　　　　(今天太晚了。)
　　gam¹yad⁹aan⁵dag⁷zai⁶.

(四)零舍

这个词也是表示程度,意思是"格外、特别"。例如:

——琴日零舍冻。(昨天特别冷。)
　　kam²yad⁹ling²se⁵dung⁵.

——呢个人零舍衰。(这人特坏。)
　　ni¹go⁵yan²ling²se⁵soey¹.

(五)至

"至"这个字在广州话里有两个意思。

1. 表示形容词最高级,相当于"最""极"。但是,这种用法不多。如:

——至靓系呢个!zi⁵leng⁵hai⁶ni¹go⁵!(这个最漂亮!)

——佢返嚟至迟。koey⁴faan¹lai²zi⁵ci². （他回来最晚。）

2．表示"才"、"再"。例如：

——噉做至啱。（这样做才对）
　　gam³zou⁶zi⁵ngaam¹.

——冲完凉至食饭。（洗完澡才吃饭。）
　　cong¹yun²loeng²zi⁵sig⁹faan⁶.

——我讲完你至讲。（我说完你再说。）
　　ngo⁴gong³yun²nei⁴zi⁵gong³.

三记

（一）朗读下面的顺口溜，帮助记忆程度词的用法

"几好、仲好、至好、太过好"；
很好、更好、最好、真太好。
零舍、得滞"太""特别"；
前后顺序不混淆。

（二）下面几个词经常使用

劫	gui⁶	（累、疲倦）
正	zeng⁵	（正点、漂亮）
犀利	sai¹lei⁶	（厉害、牛）
掂	dim⁶	（行的、稳妥、厉害）
紧要	gan³yiu⁵	（要紧）
好睇	hou³tai³	（好看）
唔同	m²tung²	（不一样）
开心	hoi¹sam¹	（高兴）
辛苦	san¹fu³	（辛苦、劳累）

四练

（一）听录音，跟着读，把句子翻译成普通话。

1. 唔系几好睇。　　　（_____）
   m^{2}hai^{6}gei^{3}hou^{3}tai^3.

2. 呢个仲紧要！　　　（_____）
   ni^{1}go^{5}zung^{6}gan^{3}yiu^5!

3. 饮得多得滞。　　　（_____）
   yam^{3}dag^{7}do^{1}dag^{7}zai^6.

4. 今日零舍劫。　　　（_____）
   gam^{1}yad^{9}leng^{2}se^{5}gui^6.

5. 来得至晏系你啦。　（_____）
   lai^{2}dag^{7}zi^{5}aan^{5}hai^{6}nei^{4}la^5.

6. 难唔难，做过至知。（_____）
   naan^{2}m^{2}naan^2, zou^{6}gwo^{5}zi^{5}zi^1.

（二）用"仲、几……下、太过、得滞、零舍、至"填空

1. ____犀利系你啦！　　（最厉害是你了！）
   zi^5 sai^{1}lei^6 hai^6 nei^4 la^5!

2. 呢啲____正！　　　　（这些更正点！）
   ni^{1}di^{1}zung^6 zeng^5!

3. 佢唔系____掂____。（他不是很稳妥。）
   koey^4 m^{2}hai^6 gei^3 dim^6 ha^4.

4. 辛苦____。　　　　　（太辛苦了。）
   san^{1}fu^3 dag^{7}zai^6

5. _____唔同。　　（特别不一样。）
   leng²se⁵ m²tung².

6. 佢讲得____快啦。（他说得太快了。）
   koey⁴gong³dag⁷taai⁵gwo⁵faai⁵la⁵.

【答案】（一）1. 不是太好看。2. 这个更要紧！3. 喝得太多了。4. 今天特别累。5. 来得最晚是你了。6. 难不难，做了才知道。

（二）1. 至 2. 仲 3. 几……下 4. 得滞 5. 零舍 6. 太过

三 每日学话

有心啦。	yau⁴sam¹la⁵.	有心了。
你好嘢！	nei⁴hou³ye⁴!	你有种！
真定假啊？	zan¹ding⁶ga³a⁵?	真的假的?
唔关你事！	m²gwaan¹nei⁴si⁶!	与你无关！
叻仔！醒目！	leg⁷zai³! sing³mug⁹!	聪明！

第8天　评人品物议事，务必知道形容词

扫一扫，听录音

第9天
特殊词不算少，十几个够用了

广州话有许多颇具地方特色的说法。怎么学习这些特色词呢？一要记住这些是哪些字，二是要读准发音，三是要知道组词造句。下面就来学习10来个这样的字词。请注意，这些字虽然普通话也用，但在广州话里面，意思和用法可能完全不同。

第一课 六个粤语特别词

🎧 一听

广州话	粤拼	举例	普通话
亲	can¹	冻亲（受凉了）	受/被……、每……都、一……就
埋	maai²	坐埋啲（坐近点）	靠近、连……也
添	tim¹	食啲添（再吃些）	再；（还/更）……呢
梗、实	gang³、sad⁹	梗/实掂（一定行）	一定、当然
一于	yad⁷yu¹	一于去啦（就去吧）	下决心、无论如何
都	dou¹	都好（也好）	都、也

二讲

（一）"亲"

广州话"亲"和普通话完全不同，一般用在动词后面，作动词词尾。它和动词一起连用，表达两个意思：

1. 表示被动或感受。例如：

——佢琴日冻亲。（他昨天着凉了。冷着了。）
koey^{4}kam^{2}yad^{9}dung^{5}can^1.

——呢件事吓亲你。（这件事让你吓着了。）
ni^{1}gin^{6}si^{6}haag^{8}can^{1}nei^4.

2. 表示动作一发生，马上会引起某种反应或结果，相当于普通话的"一……就……"、"每……都……"。例如：

——呢啲嘢，我睇亲就识。（这些东西，我一看就懂。）
ni^{1}di^{1}ye^4, ngo^{4}tai^{3}can^{1}zau^{6}sig^7.

——你做亲都错。（你一做就错。）
nei^{4}zou^{6}can^{1}dou^{1}co^5.

——我只脚行亲就痛。（我这只脚一走就痛。）
ngo^{4}zeg^{8}goeg^{8}haang^{2}can^{1}zau^{6}tung^5.

——睇亲书就头晕。（一看书就头晕。）
tai^{3}can^{1}syu^{1}zau^{6}tau^{2}wan^2.

（二）埋

广州话的"埋"有两种用法：

1. 动词词尾"埋"。用在动词后面，表示趋向，或成了某个样子，或出现某种结果。例如：

推埋去　toey^{1}maai^{2}hoey^5　（推进去）
坐埋嚟　co^{4}maai^{2}lai^2　　（坐过来）

企埋啲　kei⁴maai²di¹　（站过来一点）

2. 用在动词后面，表示"连带、连同""连……也"。例如：

话埋你知　waa⁶maai²nei⁴zi¹　（连带说给你听）

畀埋你嗰份佢。（连你那份也给他。）
bei³maai²nei⁴go³fan⁶koey⁴.

（三）添

这个字一般放在动词后面，与动词配合使用。表示"增添"的意味，大致相当于普通话的"再"。例如：

食多啲添　sig⁹do¹di¹tim¹　（再多吃点）

买多两斤添 maai⁴do¹loeng⁴gan¹tim¹　（再多买两斤）

揾多几个人添　wan³do¹gei³go⁵yan²tim¹（再多找几个人）

"添"也可放在句尾，表示强调，相当于普通话"还……呢"。如：

——仲话我添。zung⁶wa⁶ngo⁴tim¹.（还说我呢。）

——我唔记得咗添。ngo⁴m²gei⁵dag⁷zo³tim¹.（我还不记得了呢。）

（四）梗、实

广州话表示很肯定的语气。用在形容词或动词前面，表示"肯定、当然"。例如：

——梗/实好啦。gang³/sad⁹hou³la¹.（肯定好啦。）

——梗/实系去啦。gang³/sad⁹hai⁶hoey³la¹.（当然是去啦。）

"梗"用在形容词或动词后面，表示"一定会"。例如：

——我哋去梗。ngo⁴dei⁶hoey⁵gang³.（我们一定去。）

——呢件事衰梗。ni¹gin⁶si⁶soey¹gang³.（这事一定不成功/不好。）

(五) 一于

这个词用在动词前面,也是表示十分肯定的语气,意思是"一定、下决心、无论如何"。例如:

——一于噉话。yad⁷yu¹gam³wa⁶.(就这样说定。)

——我哋一于去啦。ngo⁴dei⁶yad⁷yu¹hoey⁵la¹.(我们就去吧);

(六) 都

这个字在广州话里,除了有普通话"都"的意思外,还有另一种意思,表示"也"。例如:

——大家都唔错。daai⁶ga¹dou¹m²co⁵.(大家都不错)

——你都去啦。nei⁴dou¹hoey³la¹.(你也去吧)。

三练

(一) 听录音,组词成句

1. zoed⁸do¹gin⁶, mai⁴dung⁵can¹!
   着 件 多 冻 咪 亲(多穿一件,别着凉了!)
   _____。

2. man⁶can¹dou¹wa⁶m²zi¹!
   亲 问 话 都 唔 知(每次问都说不知道!)
   _____。

3. tai³ce¹a⁵! haang²faan¹maai²di¹!
   睇 啊 车 埋 行 啲 翻(看车!靠里边走!)
   _____。

4. wa⁶maai²bei³ngo⁴zi¹la¹.
   知 话 埋 畀 我 啦(也告诉我吧。)

_____。

5. yad⁷yu¹tai³maai²sin¹zau³la¹.
   睇 埋 一于 先 啦 走（看完了再走吧。）

_____。

6. zung⁶yau⁴gei³yun⁴tim¹?
   仲 有 添 远 几（还有多远呢？）

_____。

（二）听录音，跟着读，并翻把句子译成普通话

1. 行多一阵添就到。　　（_____）
   haang²do¹yad⁷zan⁶tim¹zau⁶dou⁵.

2. 饮多杯添啦。　　　　（_____）
   yam³do¹bui¹tim¹la¹.

3. 噉做实唔得啦！　　　（_____）
   gam³zou⁶sad⁹m²dag⁷la¹!

4. 噉做衰梗啦！　　　　（_____）
   gam³zou⁶soey¹gang³la¹!

5. 一于去问下啦！　　　（_____）
   yad⁷yu¹hoey⁵man⁶ha⁴la¹!

6. 呢个都几啱下。　　　（_____）
   ni¹go⁵dou¹gei³ngaam¹ha⁴.

【答案】（一）1. 着多件，咪冻亲！2. 问亲都话唔知！3. 睇车啊！行翻埋啲！4. 话埋畀我知啦。5. 一于睇埋先走啦。6. 仲有几远添？（二）1. 再多走一会儿就到。2. 再喝一杯吧。3. 这样做肯定不行啦！4. 这样做一定会糟糕的！5. 无论如何去问问吧！6. 这个也挺合适的。

第二课 几个特殊的副词

一听

广州话	粤拼	普遍话
一路	yad^{7}lou^6	一直
净系	zing^{6}hai^6	只有、只是、都是
是但	si^{6}daan^6	随便
特登	dag^{9}dang^1	故意、特意
唔通	m^{2}tung^1	难道
横掂	waang^{2}dim^6	反正
间（唔）中	gaan^5（m^2）zung^1	偶尔
同、同埋	tung^2；tung^{2}maai^2	跟、与、还有
⋯⋯咁滞	gam^{5}zai^6	差不多⋯⋯、几乎⋯⋯
不溜	bad^{7}lau^1	一向

二讲

（一）一路

广州话"一路"表示"一直"的意思。但"一路⋯⋯一路⋯⋯"连用，却相当于普通话的"一边⋯⋯一边⋯⋯"。例如：

一路行落去 yad^{7}lou^{6}haang^{2}log^{9}hoey^5（一直走下去）

一路行一路谂 yad^{7}lou^{6}haang^{2}yad^{7}lou^{6}nam^3（边走边想）

（二）净系

这个词在广州话里表示"只有、仅仅、只要、总是"等意思。例如：

净系得一蚊 zing⁶hai⁶dag⁷yad⁷man¹（只有一块钱）

净系唔食饭 zing⁶hai⁶m²sig⁹faan⁶（总是不吃饭）

（三）同、同埋

广州话的"同""同埋"意思一样，相当于普通话的"和、同、与、跟"。例如：

我同你 ngo⁴tung²nei⁴（我和你）

呢个同埋个个 ni¹go⁵tung²maai²go³go⁵（这个和那个）

（四）咁滞

广州话"……咁滞"相当于普通话"差不多……""几乎……"。例如：

——错晒咁滞。co⁵saai⁵gam⁵zai⁶。（几乎全错了）

——走晒咁滞。zau³saai⁵gam⁵zai⁶。（差不多走光了）

🔊 三练

（一）听录音，跟着读，把句子翻译成普通话

1. 一路行几分钟就到。　　（　　　　　　）
   yad⁷lou⁶haang²gei³fan¹zung¹zau⁶dou⁵。

2. 你净系迟到点得啊！　　（　　　　　　）
   nei⁴zing⁶hai⁶ci²dou⁵dim³dag⁷a⁵！

3. 是但几时都得。　　　　（　　　　　　）
   si⁶daan⁶gei³si²dou¹dag⁷。

4. 我特登来揾你嘅。　　　（　　　　　　）
   ngo⁴dag⁹dang¹lai²wan³nei⁴ge⁵。

5. 唔通我记错咗？　　　　（　　　　　　）
   m²tung¹ngo⁴gei⁵co⁵zo³？

(二) 听录音，写句子

1. waang²dim⁶hai⁶koey⁴gaau³co⁵zo³.
   _____。（反正是他搞错了。）
2. ngo⁴gaan⁵m²zung¹hoey⁵ha⁴.
   _____。（我偶尔去一下。）
3. ngo⁴tung²maai²nei⁴hoey⁵.
   _____。（我和你去。）
4. sig⁹saai⁵gam⁵zai⁶.
   _____。（几乎吃光了。）
5. bad⁷lau¹dou¹hai⁶gam³.
   _____。（一向都是这样。）

【答案】（一）1. 一直走几分钟就到。2. 你总是迟到怎么行呢！3. 随便什么时候都可以。4. 我特意来找你的。5. 难道我记错了？

（二）1. 横掂系佢搞错咗。2. 我间唔中去下。3. 我同埋你去。4. 食晒咁滞。5. 不溜都喺噉。

每日学话

嘥气啦。	saai¹hei⁵la¹.	省口气吧。
好心你啦！	hou³sam¹nei⁴la¹！	拜托！
畀心机！	bei³sam¹gei¹！	用心点！加油！
是但求其啦！	si⁶dan⁶kau²kei²la¹！	随便吧！
讲笑咩！	gong³siu⁵me¹！	开玩笑吧！
好巴闭咩！	hou³ba¹bai⁵me¹！	有什么了不起！

扫一扫，听录音

第10天
喜怒哀乐有感叹，用了语气词更畅顺

前面学过广州话的一些"口"旁特色字。其实，广州话里面，这类字还有不少。尤其在平常说话中，表达喜怒哀乐，发出感叹和疑问等等，都少不了这类字，就像普通话有"吗、呢、哪、啊、呵、哦、嗨"等"口"旁字不可少一样。掌握一些常用的语气词，说起话来才显得自然。

第一课　嘛咧啩咩呢 发表疑问要记住

一听

广州话	粤拼	句子	普通话
嘛	ma^5	好嘛?	好吗?
咩	me^1	得咩?	行吗?
啩	gwa^5	系噉啩?	是这样吧?

（续表）

广州话	粤拼	句子	普通话
咧	le^2	好咧？	好吧？（商议）
咧	le^4	好咧？	好吧？（早料如此）
嗬	ho^3	好睇，嗬？	好看，是吧？
啊	a^5	识唔识啊？	会不会啊？
呢	ne^1	啱唔啱呢？	对不对呢？
㗎	ga^5	行唔行㗎？	走不走啊？
嘅	ge^3	冇晒嘅？	都没了的？

二讲

（一）表示疑问的语气词"嘛ma^5、咩me^1"

广州话的问句中语气词看起来不少，但只有"嘛、咩"表示疑问语气。

1. "嘛"，用于一般的询问，相当于"吗"。

——畀散纸我好嘛？（给我零钱好吗？）

$bei^3 saan^3 zi^3 ngo^4 hou^3 ma^5$？

——陈生喺屋企嘛？（陈先生在家吗？）

$can^2 saang^1 hai^3 ug^7 kei^3 ma^5$？

2. "咩"，通常表示反问或惊奇的语气，这个时候相当于普通话的"吗"。例如：

——你识讲粤语咩？（你会说粤语吗？）

$nei^4 sig^7 gong^3 yud^9 yu^4 me^1$？

——佢哋走咗咩？（他们走了吗？）

$koey^4 dei^6 zau^3 zo^3 me^1$？

（二）啩$gwaa^1$、

啩，相当于普通话的"吧"，表示揣测。

——唔会太过晏啩？（不会太晚吧？）

　　m²wui⁴taai⁵gwo⁵aan⁵gwa⁵?

——李太出咗去啩？（李太太出去了吧？）

　　lei⁴taai³coed⁷zo³hoey⁵gwa⁵?

（三）咧le²、咧le⁴、嚇ho³

1. 咧le²，带有商议的语气，并希望对方这样做，接近于普通话的"吧"。

——我哋等多几日咧？（我们多等几天吧？）

　　ngo⁴dei⁶dang³do¹gei³yad⁹le²?

——叫埋佢哋过来咧？（把他们也叫过来吧？）

　　giu⁵maai²koey⁴dei⁶gwo⁵lai²le²?

2. 咧le⁴，表示早料到如此，作进一步求证，相当于普通话的"吧"。

——咁平，好抵买咧？（这么便宜，很值得买吧？）

　　gam⁵peng², hou³dai³maai⁴le⁴?

——呢两日好劫咧？（这两天很累吧？）

　　ni¹loeng⁴yad⁹hou³gui⁶le⁴?

3. 嚇，一般表示试探、附和的语气，相当于普通话的"是吧"。

——几抵下，嚇？（挺便宜的，是吧？）

　　gei³dai³ha⁴, ho³?

——咁多嘢，实食唔晒，嚇？（这么多东西，一定吃不完，是吧？）

　　gam⁵do¹ye⁴, sad⁹sig⁹m²saai⁵, ho³?

（四）啊aa⁵、㗎gaa⁵、呢ne¹、嘅ge³

1. 广州话的"啊a⁵"与"㗎ga⁵"相当于普通话的"啊"，都用于一般的询问、求证,"啊、㗎"大多情况下都可以互换。

——食唔食得晒㗎/啊?(吃不吃得完啊?)

sig^{9}m^{2}sig^{9}dag^{7}saai^{5}ga^5/ a^5?

——噉做得唔得㗎/啊?(这样做行不行啊?)

gam^{3}zau^{6}dag^{7}m^{2}dag^{7}ga^5/ a^5?

——饮乜啊?(喝什么啊?)

yam^{3}mad^{7}a^5?

2. 广州语的"呢"与普通话的"呢"用法基本一样。

——攞六斤定七斤好呢?(拿六斤还是七斤好呢?)

lo^{3}lug^{9}gan^{1}ding^{6}cad^{7}gan^{1}hou^{3}ne^1?

——唔知李生喺唔喺屋企呢?(不知道李先生在不在家呢?)

m^{2}zi^{1}lei^{4}saang^{1}hai^{3}m^{2}hai^{3}ug^{7}kei^{3}ne^1?

3. 嘅ge^3,一般用于询问原因、情况。

——咁快脆返嚟嘅?(这么快回来的?)

gam^{5}faai^{5}coey^{5}faan^{1}lai^{2}ge^3?

——唔通呢啲钱系佢嘅?(难道这些钱是他的?)

m^{2}tung^{1}ni^{1}di^{1}cin^{3}hai^{6}koey^{4}ge^3?

三记

语气词,咩、嘛、㗎,
一有疑问就用它;
试探商量和希望,
语气较缓用咧、啫、啾。

四练

(一)试根据普通话提示,选用合适的广州话疑问词

1. 你唔识佢____?（你不认识他吗?）
2. 佢系你细佬____?（他是你弟弟吧?）
3. 你行去返工____?（你走路去上班,对吧?）
4. 呢件事你知____?（这件事情你知道吗?）
5. 你得唔得____?（你行不行啊?）
6. 点解做错咗____?（为什么做错了的?）
7. 你话____?   （你说呢?）

(二)听录音,根据意思写出粤语句子

1. $ngo^4teng^1m^2gin^5$, $nei^4gong^3do^1ci^5dag^7ma^5$?
   _____（我听不见,你再讲一次可以吗?）
2. $ni^1gin^6saam^1hai^6nei^4ge^5me^1$?
   _____（这件衣服是你的吗?）
3. $nei^4m^2zi^1le^4$?
   _____（你不知道吧?）
4. gei^3leng^5, ho^3?
   _____（挺清亮的,对吧?）
5. $hai^6bin^1go^5giu^5nei^4gam^3zau^3ga^5$?
   _____（是谁叫你这么做啊?）
6. $ngo^4dei^6zou^6saai^5sin^1zau^3le^2$?
   _____（我们做完才走吧?）
7. $yi^2ga^1zi^5hoey^5$, $aan^5m^2aan^5ne^1$?
   _____（现在才去,晚不晚呢?）

8. zaang¹sei⁵go⁵zi⁶zi⁵lug⁸dim³gwa⁵?

_____（差二十分钟才六点吧？）

【答案】（一）1. 咩 2. 咧（啩） 3. 嘀 4. 嘛 5. 啊（㗎） 6. 嘅 7. 呢

（二）1. 我听唔见，你讲多次得嘛？ 2. 呢件衫系你嘅咩？ 3. 你唔知咧？ 4. 几靓，嘀？ 5. 系边个叫你噉做㗎？ 6. 我哋做晒先走咧？ 7. 依家至去，晏唔晏呢？ 8. 争四个字至六点啩？

第二课　啰啫之嘛嚟嘅，语气丰富又多样

上一课我们学习的主要是表达疑问语气的语气词。这一课我们主要学习表达非疑问语气的语气词。

广州话	粤拼	句子	普通话
啰（咯）	lo¹	喺啰。	是咯。
之嘛	zi¹ma⁵	一蚊之嘛。	一块钱罢了。
嚤；㖞（啝）	bo⁵；wo⁵	啱咗啝。	对了。
咋	za⁵	六点咋。	六点而已。
嚟嘅	lai²ge⁵	错晒嚟嘅。	全错来着。
㖞、啝	wo⁴	系佢啝。	是他喔。
啫	ze¹	好易啫。	很容易啊。
啊	a⁵	好啊。	好啊。
啦	la¹	唔好啦。	不要啦。
喇	laag⁸	好喇。	好了。

二讲

1. "啰/咯lo^1"一般表示解释或肯定的语气。

——佢讲你咪信咯。（他说你就信吧。）

koey^{4}gong^{3}nei^{4}mai^{6}soen^{5}lo^1.

——我听唔见你讲乜咯。（我听不见你说什么。）

ngo^{4}teng^{1}m^{2}gin^{5}nei^{4}gong^{3}mad^{7}lo^1.

2. "之嘛zi^{1}ma^5"表示无所谓的语气，相当于普通话的"罢了、而已"。

——我争两蚊之嘛。（我差两块钱罢了。）

ngo^{4}zaang^{1}loeng^{4}man^{1}zi^{1}ma^5.

——试下之嘛。（试试罢了。）

si^{5}ha^{4}zi^{1}ma^5.

3. "噃bo^5/喎（啊）wo^5"通常表示提醒的语气。

——细个得滞噃。（太小了。）

sai^{5}go^{5}dag^{7}zai^{6}bo^5.

——畀少咗廿蚊我喎。（少给了我二十元啊。）

bei^{3}siu^{3}zo^{3}ya^{6}man^{1}ngo^{4}wo^5.

4. "咋za^5"相当于普通话的"才、仅"，表示仅此而已的语气。

——嚟咗十零人咋。（才来了十几人而已。）

lai^{2}zo^{3}sab^{9}leng^{2}yan^{2}za^5.

——系佢唔听我讲咋。（是他不听我说而已。）

hai^{6}koey^{4}m^{2}teng^{1}ngo^{4}gong^{3}za^5.

5. "嚟嘅lai^{2}ge^5"相当于普通话的"来的"，一般表示强调的语气。

——佢系老板娘嚟嘅。（她是老板娘来的。）

koey^{4}hai^{6}lou^{4}baan^{3}noeng^{2}lai^{2}ge^5.

——我做开生意嚟嘅。（我一直做生意的。）

ngo^{4}zou^{6}hoi^{1}saang^{1}yi^{5}lai^{2}ge^5.

6. "㖞/啝wo^4"用于转述别人的话。

——佢话九点三个字到啝。（他说九点十五分到。）

koey^{4}waa^{6}gau^{3}dim^{3}saam^{1}go^{5}zi^{6}dou^{5}wo^4.

——家姐叫唔好嘈住佢啝。（姐姐说不要嘈着她。）

ga^{1}ze^{1}giu^{5}m^{2}hou^{3}cou^{2}zyu^{6}koey^{4}wo^4.

7. "啫ze^1"所表示的语气比较复杂，通常要根据具体的语境才能判断其所表达的语气。

——都唔系好劫啫。（也不算太累吧。）

dou^{1}m^{2}hai^{6}hou^{3}gui^{6}ze^1.

——唔系几好睇啫。（不是很好看吧。）

m^{2}hai^{6}gei^{3}hou^{3}tai^{3}ze^1.

8. "啊a^5"与普通话的"啊"用法基本一致。

——我返咗屋企啊。（我回家了啊。）

ngo^{4}faan^{1}zo^{3}ug^{7}kei^{3}a^5.

——佢哋仲未食饭啊。（他们还没吃饭啊。）

koey^{4}dei^{6}zung^{6}mei^{6}sig^{9}faan^{6}a^5.

9. "啦laa^1"相当于普通话的"啦"。

——你唔好攞啦。（你不要拿啦。）

nei^{4}m^{2}hou^{3}lo^{3}la^1.

——我肥咗好多啦。（我胖了不少啦。）

ngo^{4}fei^{2}zo^{3}hou^{3}do^{1}la^1.

10. "喇laag^8"相当于普通话的"了"。

——都叫住你唔好去喇。（都喊着你不要去了。）
　　dou¹giu⁵zyu⁶nei⁴m²hou³hoey⁵ laag⁸.
——冇晒瘾喇。（没意思了。）
　　mou⁴saai⁵yan⁴laag⁸.

三记

语气词，多的是，
"咯"肯定，"噃"提醒，
"之嘛"罢了"咋"而已，
"喇"了原来嗽"嚟嘅"，
"啫"嘅意思较复杂，
想用得当要多练习。

四练

（一）听录音，并根据意思写粤语句子

1. wong²saang¹ngaam¹ngaam¹haang²hoi¹zo³bo⁵.
　　_____（王先生刚刚走开了。）
2. koey⁴dag⁷go³sab⁹gei³soey⁵zi¹ma⁵.
　　_____（他才那十几岁罢了。）
3. cad⁷man¹gan¹hou³gwai⁵ze¹.
　　_____（七块钱一斤好贵啊。）
4. ngo⁴hog⁹zo³sab⁹yad⁹yud⁹yu⁴za⁵.
　　_____（我学了十天粤语而已。）

5. koey⁴ziu¹zou³hoey⁵gwo⁵lai²laag⁸.
   _____（他早上去过了。）

（二）根据拼音，练读句子，翻译成普通话

1. koey⁴zou⁶gwo⁵lou⁴sai⁵lai²ge⁵.
   佢做过老细嚟嘅。_____

2. giu⁵zo³nei⁴wan³do¹gei³ci⁵la¹.
   叫咗你搵多几次啦。_____

3. a⁵ming²wa⁶koey⁴ting¹yad⁹m²sai³faan¹gung¹wo⁴.
   阿明话佢听日唔使返工啩。_____

4. fei²go³go⁵zi⁵hai⁶lau⁶si¹naai¹a⁵.
   肥吖个至系刘师奶啊。_____

5. nei⁴wan³yad⁹lai²ngo⁴ug⁷kei³tai³ha⁴la¹.
   你搵日嚟我屋企睇下啦。_____

【答案】（一）1. 王生啱啱行开咗嘑。2. 佢得吖十几岁之嘛。3. 七蚊斤好贵啫。4. 我学咗十日粤语咋。5. 佢朝早去过嚟喇。

（二）1. 他当过老板来的。2. 叫了你多找几次了。3. 阿明说他明天不用上班喔。4. 胖的那个才是刘太太啊。5. 你找天来我家看看吧。

三 每日学话

收声！	sau¹seng¹！	闭嘴！	
收到！	sau¹dou³！	收到！知道！	
好彩！	hou³coi³！	幸好！	
湿湿碎啦！	sab⁷sab⁷soey⁵la¹！	小意思！	
嘛嘛地啫！	ma²ma³dei³ze¹！	一般般吧！	

小贴士

粤语除了有丰富多样的语气词外，还有丰富的感叹词。

1. 咦yi³、哼hm¹/hng¹、啋ce¹、呸pei¹，表示讨厌、愤怒、轻蔑等语气的词。如：

——咦/哼，后生仔企一阵就话劫！

（哼，小伙子站一会儿就喊累！）

yi³/hm¹/hng¹, hau⁶saang¹zai³kei⁴yad⁷zan⁶zau⁶wa⁶gui⁶!

——啋/呸！好巴闭咩！（啋/呸！好厉害吗！）

ce¹/pei¹! hou³ba¹bai⁵me¹!

2. 啊a³、哎呀ai⁵ya⁶，表示惊奇、疑问的感叹等语气，与普通话表示惊奇的感叹词很接近。

——啊/哎呀，点解唔去搵佢啊？

（哎呀，怎么不去找他啊？）

a³/ai⁵ya⁶, dim³gaai³m²hoey⁵wan³koey⁴a⁵?

3. 哗wa⁶、哗哎wa⁶ai³、啊a⁶，它们相当于普通话的"哗、啊"，表示赞赏、高兴的的语气。

——哗/哗哎/啊，又做得几好睇嘈。

（哗，做得也挺好看的。）

wa⁶/wa⁶ai³/a⁶, yau⁶zou⁶dag⁷gei³hou³tai³bo⁵.

4. 唉hai²、哎呀ai⁶ya⁶，它们与普通话的"唉"相近，表示难过、感叹的语气。

——唉/哎呀，呢次弊家伙！（唉，这次惨了！）

hai²/ai⁶ya⁶, ni¹ci⁵bai⁶ga¹fo³!

5. 嗯m⁶、哦o⁶，表示提醒、应答的语气

——嗯/哦，我识点做啦！（嗯，我知道怎么做了！）

m⁶/o⁶，ngo⁴sig⁷dim³zou⁶la⁵！

6．喂wai⁵、嗱na⁶等，表示命令、嘱咐等的的语气。
——喂/嗱！企喺度！咪走！（喂！站着！别跑！）
wai⁵/na⁶，kei⁴hai³dou⁶！mai⁴zau³！

扫一扫，听录音

第11天
练练考考，广州话是否入门了！

一、辨调值

1. 听录音，给下面几组词标上适当的调号。

例：猪___ 狗___ 兔___ 牛___ 马___ 象___

（zyu⁵⁵ gau³⁵ tou³³ ngau²¹ ma¹³ zoeng²²）

瓜___ 果___ 菜___ 禾___ 米___ 稻___

（gwa⁵⁵ gwo³⁵ coi³³ wo²¹ mai¹³ dou²²）

开___ 会___ 叫___ 埋___ 我___ 哋___

（hoi⁵⁵ wui³⁵ giu³³ maai²¹ ngo¹³ dei²²）

啲___ 酒___ 贵___ 唔___ 买___ 住___

（di⁵⁵ zau³⁵ gwai³³ ng²¹ maai¹³ zyu²²）

2. 听录音，圈出入急促调，并指出它们的调值。

食饭　乜嘢　飞发　识谂　今日　晚黑　热得滞　特登

3. 广州1—10十个数字中哪些属于急促调？请把它们写在横线上，并标上调号。

_____

二、粤语句子听写

1. 嗱！呢度两斤松啲。

na^6！ ni^{1}dou^6 loeng^{4}gan^1 sung^{1}di^1.

（嗱！这里两斤多一点儿。）

2. 我冇散纸啊，争住你几毫得唔得啊？

ngo^4 mou^4 saan^{3}zi^3 a^5, zaang^{1}zyu^6 nei^{4}gei^3 hou^2, dag^{7}m^{2}dag^7?

（我没有零钱，先差你几角钱行不行啊？）

3. 王生嘅电话系13702890465。

wong^{2}saang^1 ge^5 din^{6}wa^3 hai^6 yad^{7}saam^{1}cad^7 ling^{2}yi^{6}bad^{8}gau^{3}ling^{2}sei^{5}lug^{9}m^4.

（王先生的电话是13702890465。）

4. 你咪使指拟我会帮你畀埋啲钱！

nei^4 mai^{4}sai^3 zi^{3}yi^4 ngo^4 wui^4 bong^{1}nei^4 bei^{3}maai^2 di^1 cin^3!

（你别指望我会帮你把钱给了。）

5. 乜话？！你讲笑啊！咁贵！

mad^{7}wa^3?! nei^4 gong^{3}siu^5 a^6! gam^{5}gwai^5!

（什么？！你开玩笑吧！这么贵！）

6. 你企喺度做乜嘢？

nei^4 kei^4 hai^{3}dou^6 zou^6 mad^{7}ye^4?

（你站在这里干什么？）

7. 你睇晒之后讲翻畀我听。

nei^4 tai^{3}saai^5 zi^{1}hau^6 gong^3 faan^1 bei^{3}ngo^4 teng^1.

（你看完之后讲给我听。）

8. 就嚟八点啦！仲未返工？

zau^{6}lai^2 bad^{8}dim^3 la^5! zung^{6}mei^6 faan^{1}gung^1?

（就要八点啦！还没上班？）

9. 我话呢个细个得滞，你点睇？

ngo⁴wa⁶ ni¹go⁵ sai⁵go⁵ dag⁷zai⁶, nei⁴ dim³tai³?

（我说这个太小了，你怎么看？）

10. 行开！唔关你事！

haang²hoi¹! m²gwaan¹ nei⁴ si⁶!

（走开！与你无关！）

三、广州话翻译成普通话

1. 家阵系朝早六点三个几字。

ga¹zan³ hai⁶ ziu¹zou³ lug⁹dim³ saam¹go⁵gei³ zi⁶.

（现在是早上六点十五分多点儿。）

2. 你好！请问王太系唔系住呢度？

nei⁴hou³! ceng³man⁶ wong²taai³ hai⁶m²hai⁶ zyu⁶ ni¹dou⁶?

（你好！请问王太太是不是住这里呢？）

3. 佢讲到自己几咁犀利，点知做起嚟一啲都唔掂！

koey⁴ gong³dou⁵ zi⁶gei³ gei³gam⁵ sai¹lei⁶, dim³zi¹ zou⁶ hei³lai² yad⁷di¹ dou¹ m²dim⁶!

（他说到自己很厉害，没想到做起来一点都不行！）

4. 佢哋话唔够人手，叫你搵多几个人添。

koey⁴dei⁶ wa⁶ m²gau⁵ yan²sau³, giu⁵ nei⁴ wan³ do¹ gei³go⁵yan² tim¹.

（他们说人手不够，叫你再多找几个人。）

5. 都未到落班时间，啲人就走晒咁滞。

dou¹ mei⁶dou⁵ log⁹baan¹ si²gaan⁵, di¹yan² zau⁶ zau³saai⁵ gam⁵zai⁶.

（还没到下班时间，人就差不多走光了。）

6. 我哋间厂有大把湖南乡里。

ngo⁴dei⁶ gaan¹cong³ yau⁴ daai⁶ba³ wu²naam² hoeng¹lei⁴.

（我们工厂有很多湖南老乡。）

7. 我琴晚七点几打过电话畀你，不过冇人听。

ngo⁴ kam²maan⁴ cad⁷dim³gei³ da³gwo⁵ din⁶wa³ bei³nei⁴, bad⁷gwo⁵ mou⁴yan² teng¹.

（我昨晚七点多给你打过电话，不过没人听。）

8. 我依家同埋啲老友饮紧茶，迟下先打翻电话畀你啦。

ngo⁴ yi²ga¹ tung²maai² di¹ lou⁴yau⁴ yam³gan³ca², ci²ha⁴sin¹ da³faan¹ din⁶wa³ bei³nei⁴ la¹.

（我现在正跟朋友喝茶，晚一些再给你回电话吧。）

9. 我晏昼食咗少少饭，家阵好肚饿。

ngo⁴ aan⁵zau⁵ sig⁹zo³ siu³siu³ faan⁶, gaa¹zan³ hou³ tou⁴ngo⁶.

（我下午吃了一点饭，现在好饿。）

10. 你坐埋过嚟啦，睇得清啲㗎。

nei⁴ co⁴maai² gwo⁵lai² la¹, tai³dag⁷ cing¹di¹ ga⁵.

（你坐过来吧，看得清楚一些的。）

四、普通话翻译成广州话

1. 老板，打扰了，西瓜多少钱一斤？

lou⁴sai⁵, m²goi¹, sai¹gwa¹ gei³ci³ gan¹?

（老细，唔该，西瓜几钱斤？）

2. 你们说大声点行不行！我听不到你们在说什么呢！

nei⁴dei⁶ gong³ daai⁶seng¹di¹, hou³m²hou³? ngo⁴ teng¹ m²dou³ nei⁴dei⁶ gong³ gan³mad⁷a⁵!

（你哋讲大声啲，好唔好？我听唔到你哋讲紧乜啊！）

3. 你别浪费唇舌了,他早就说了那件事没得商量。

nei⁴ m²sai³ saai¹hei⁵ la⁵, koey⁴ zou³zau⁶ wa⁶zo³ go³gin⁶si⁶ mou⁴dag⁷ king¹.

(你唔使嘥气啦,佢早就话咗吓件事冇得倾。)

4. 美女,今晚有空一起吃顿饭吗?

leng⁵noey³, gam¹maan⁴ dag⁷m²dag⁷haan² yad⁷cai² sig⁹caan¹faan⁶ a⁵?

(靓女,今晚得唔得闲一齐食餐饭啊?)

5. 是这样的,我打算请几天假,回去看看儿女。

hai⁶ gam³gei⁵, ngo⁴ nam³zyu⁶ ceng³ gei³yad⁷ ga⁵, faan¹hoey⁵ tai³ha⁴ di¹zai³noey³.

(系噉嘅,我谂住请几日假,返去睇下啲仔女。)

6. 我昨晚着凉了,今天想请一天假。

ngo⁴ kam²maan⁴ dung⁵can¹, gam¹yad soeng³ ceng³ yad⁷yad⁹ ga⁵.

(我琴晚冻亲,今日想请一日假。)

7. 你找陈小姐?她刚刚走开了啊。

nei⁴ wan³ can²siu²ze³? koey⁴ ngaam¹ngaam¹ haang²hoi¹zo³ wo⁵.

(你搵陈小姐?佢啱啱行开咗喎。)

8. 试了这么多件衣服,这件最合身了。

si⁵zo³ gam⁵do¹gin⁶ saam¹, ni¹gin⁶ zi⁵ngaam¹san¹ laag⁸.

(试咗咁多件衫,呢件至啱身喇。)

扫一扫，听录音

第12天
识粤拼练读音，找规律记单字

听两组字录音，与普通话比较：

第一组：妈ma[1]、妹mui[3]、母mou[4]、买maai[4]、媒mui[2]、咪mai[4]、咩me[1]、明ming[2]、门mun[2]、埋maai[2]

第二组：未mei[4]、尾mei[4]、无mou[2]、武（舞）mou[4]、雾（务）mou[6]、蚊man[1]、文（纹、闻）man[2]、问man[6]、万maan[6]、晚man[4]、望mong[6]、网mong[4]、忘mong[2]、袜mad[9]、物mad[9]

普通话第一组字的声母都是m，第二组声母是w。而在广州话里，两组字声母都读m。于是，有下面的规律：

广州话声母读m的字，既包括普通话声母读m的字，还包括部分普通话声母读w的字。

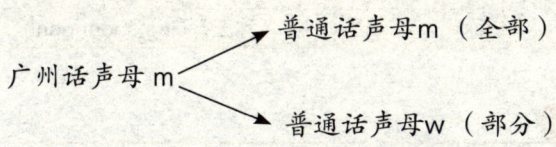

广州话声母 m → 普通话声母m（全部）
广州话声母 m → 普通话声母w（部分）

背单字的时候，只要记住普通话声母读w，广州话读m的那些字就可以了。

第一课　翘舌音对平舌音，zh、ch、sh 读 z、c、s

普通话声母有翘舌音 zh、ch、sh 和平舌音 z、c、s 之分。南方许多地方的方言都没有翘舌音，把翘舌音读成平舌音。广州话也一样，普通话的翘舌音，广州话都读平舌音。

听录音，注意广州话平舌音的读法。

	粤拼	意义	例子
除	coey²	脱	除鞋 coey²haai²（脱鞋）
着	zoeg⁸	穿	着袜 zoeg⁸mad⁹（穿袜子）
遮	ze¹	雨伞；遮挡	撑遮 caang¹ze¹（打伞）
衫	saam¹	衣服	衫裤 saam¹fu⁵（衣服裤子）
窄	zaag⁵	窄	窄 zaag⁸——阔 fud⁸
湿	sab⁷	湿	湿 sab⁷——干 gon¹
重	cung⁴	重	重 cung⁴——轻 heng¹
熟	sug⁹	熟悉；熟（食物）	熟 sug⁹——生 saang¹
装	zong¹	装	装货 zong¹fo⁵
称	cing⁵	称	称三斤 cing⁵saam¹gan¹

> 二讲

（一）除、着、戴

普通话"脱衣、脱裤、脱鞋、脱帽"，广州要说"除衫、除裤、除鞋、除帽"。普通话"穿衣、穿裤子、穿鞋、穿袜子",广州话都要说"着"。普通话"戴耳环、戴手表",广州话同样说"戴"。例如：

着衫 zoeg^{8}saam^1　　除衫 coey^2 saam^1
着裤 zoeg^{8}fu^5　　　除裤 coey^{2}fu^5
着鞋 zoeg^{8}haai^2　　除鞋 coey^2 haai^2
着袜 zoeg^{8}mad^9　　除袜 coey^2 mad^9

（二）遮

广州话有两个意思，一个是"遮挡"，另一个是"伞"。伞说"遮"，是广州话的方言特色词。例如：

你咪遮住我睇电视！
nei^{4}mai^{4}ze^{1}zyu^{6}ngo^{4}tai^{3}din^{6}si^6！（你别挡着我看电视！）
我来撑遮。
ngo^{4}lai^{2}caang^{1}ze^1.（我来打伞。）
你带咗遮未啊？
nei^{4}daai^{5}zo^{3}ze^{1}mei^{6}a^5？（你带了伞没有？）

三记

衣服只说"衫"，
穿着单说"着"，
戴帽、戴表还说"戴"，
脱鞋、脱裤、脱袜都说"除"。

四练

(一) 听录音, 组词成句

1. coey²zo³doey⁵haai²sin¹hou³yab⁹lai².
   入嚟 对鞋 先 好 除咗 (把鞋子脱了再进来。)
   _____。

2. ni¹gin⁶zoeg⁸log⁹yau⁴di¹zaag⁸.
   有啲 呢件 着落 窄 (这件穿上有些窄。)
   _____。

3. nei⁴ping²si²zoeg⁸gei³daai⁶ma⁴?
   几大 着 平时 你 码 (你平时穿多大尺寸?)
   _____?

4. soeng³yiu⁵bin¹gin⁶saam¹?
   边件 要 想 衫 (想要哪件衣服?)
   _____?

5. caang¹ze¹dou¹sing²san¹sab⁷saai⁵.
   湿晒 都 成身 撑遮 (打伞也全身湿透。)
   _____。

6. nei⁴ze¹zyu⁶zo³ngo⁴.
   我 遮住 你 咗 (你把我挡住了。)
   _____。

7. lou⁴sai⁵, cing⁵m⁴gan¹bei³ngo⁴.
   称 畀 老细 五斤 我 (老板, 给我称五斤。)
   _____,_____。

8. ni¹tiu²lou⁶ngo⁴m²hai⁶gei³sug⁹.
   几熟 唔系 我 呢条路 (这条路我不是很熟悉。)

_____。

9. ni^{1}go^{5}soeng^{1}gam^{5}cung^4, zong^{1}zo^{3}mad^{7}ye^4?
   箱 乜嘢 呢个 咁重 装咗（这个箱子那么重，装了什么？）
   _____，_____？

（二）听录音，朗读词语

揸实 za^{1}sad^9（抓紧）

长得滞 coeng^{2}dag^{1}zai^6（太长）

钟意 zung^{1}yi^5（喜欢）

真嘅 zan^{1}ge^5（真的）

煮饭 zyu^{3}faan^6（做饭）

转身 zyun^{5}san^1（转身）

捉住 zug^{7}zyu^6（捉住）

炒餸 caau^{3}sung^5（炒菜）

搭车 daab^{8}ce^1（坐车）

豉油 si^{6}yau^2（酱油）

出嚟 coed^{7}lai^2（出来）

上边 soeng^{6}bin^1（上面）

烧鹅 siu^{1}ngo^2（烧鹅）

五折 m^{4}zid^8（五折）

舍得 se^{3}dag^7（舍得）

深 sam^1（深、深奥）

剩低 zing^{6}dai^1（剩下）

锁匙 so^{3}si^2（钥匙）

数数 sou^{3}sou^5（数数）

治理 zi^{6}lei^4 —— 自理 zi^{6}lei^4

池塘 ci^{2}tong^2 —— 祠堂 ci^{2}tong^3

诗人si¹yan² —— 私人si¹yan²

【答案】(一) 1. 除咗对鞋先好入嚟。2. 呢件着落有啲窄。3. 你平时着几大码？4. 想要边件衫？5. 撑遮都成身湿晒。6. 你遮住咗我。7. 老细，称五斤畀我。8. 呢条路我唔系几熟。9. 呢个箱咁重，装咗乜嘢？

第二课 普通话j、q、x和广州话g、k、h

(一) 听录音，注意声母读音

广州话	粤拼	意义	例词
劲	ging⁶	厉害	几劲下（挺厉害的）
惊	geng¹	害怕	唔使惊（别害怕）
计	gai³；gai⁵	办法；计算	谂计（想办法）
拣	gan³	拣、挑选	任拣（随便选）
兴	hing¹	流行	好兴（很流行）

(二) 听读几组反义词，注意声母读音

广州话	粤拼	普通话
假—真	ga³—zan¹	假—真
强—弱	koeng²—yoeg⁹	强—弱
杰—稀	gid⁹—hei¹	稠—稀
下—上	ha⁶—soeng⁶	下—上
香—臭	hoeng¹—cau⁵	香—臭

二讲

（一）普通话声母为 j、q、x 的字，有一部分广州话声母改为 g、k、h

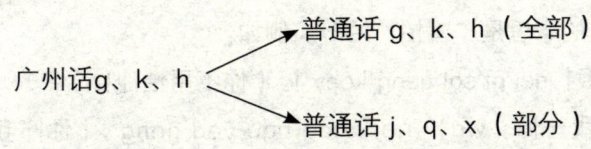

普通话声母为 g、k、h 的字，广州话声母也是 g、k、h；
普通话声母为 j、q、x 的字，一部分广州话声母改为 g、k、h；
普通话声母为 j、q、x 的字，另一部分广州话声母改为 z、c、s。
例如：

广州话声母为 g、k、h 的字：

加家架价嫁假夹街解杰界介戒鸡机几己记计急斤金今禁劲紧经惊京颈镜劲敬间监肩拣简减见件剑姜江交讲跤交搅绞教觉角脚九旧救韭；

旗奇其企祈桥轿求球襟琴擒勤禽芹倾强穷佢揭；

系喜戏稀气起开下吓虾瞎厦鞋血晓巧敲孝效学戏校去下咸嵌欠闲悭限向香乡行兴。

广州话声母为 z、c、s 的字：

节席借接姐即济谢雀集习积挤进浸尽精井睛净槭箭将浆剪像蒋酱匠焦蕉；

七齐妻切亲侵寝请青情钱前千签墙枪抢锹秋趣；

西细洗锡息熄写新心信辛先线想箱星姓醒腥性肖宵消箫小笑修秀绣。

（二）劲、惊、兴、杰

这几个字在广州话中很常用。

1. "劲"用来形容人或事物很棒、很牛、很厉害、很带劲。例如：

佢唱歌好劲！ koey^{4}coeng^{5}go^{1}hou^{3}ging^6！（他唱歌很棒！）

呢种酒好劲！ ni^{1}zung^{3}zau^{3}hou^{3}ging^6！（这种酒带劲！）

2. "惊"的意思是"害怕、怕"。例如：

你唔使惊佢！nei^{4}m^{2}sai^{3}geng^{1}koey^4！（你不用怕他！）

哇，你吓我一惊。wa^6, nei^{4}haag^{8}ngo^{4}yad^{7}geng^1.（你吓我一跳。）

惊住（geng^{1}zyu^6）：担心、恐怕

我惊住带唔够钱。ngo^{4}geng^{1}zyu^{6}daai^{5}m^{2}gau^{5}cin^3.

惊死（geng^{1}sei^3）：很担心

我惊死你病咗。ngo^{4}geng^{1}sei^{3}nei^{4}beng^{6}zo^3.

惊青（geng^{1}ceng^1）：慌张

你唔使惊青。nei^{4}m^{2}sai^{3}geng^{1}ceng^1.

3. "兴"（hing^1）的意思是流行、时兴。例如：

潮流兴……ciu^{2}lau^{2}hing^1……（最近流行……）

潮流兴唱K/微博/白色……（最近流行唱歌/微博/白色……）

ciu^{2}lau^{2}hing^{1}coeng^{5}kei^1/mei^{2}bog^8/baag^{9}sig^7……

今年好兴着短裙。（今年很流行穿短裙。）

gam^{1}nin^{2}hou^{3}hing^{1}zoeg^{8}dyun^{3}kwan^2.

4. "杰"也是广州话很特殊的说法，一般用来指粥、羹浓稠，也可用来形容事情不好处理。例如：

杰粥（gid^{9}zug^7）：浓粥、稠粥

呢啲粥杰得滞，我中意食稀粥。（这些粥太稠，我喜欢喝稀粥。）ni^{1}di^{1}zug^{7}gid^{9}dag^{7}zai^6, ngo^{4}zung^{1}yi^{5}sig^{9}hei^{1}zug^7.

杰嘢（gid^{9}ye^4）：不好处理的事情

呢镬杰嘢你搞翻掂佢！（这件棘手事情你把它处理好！）
ni¹wog⁹gid⁹ye⁴nei⁴gaau³faan¹dim⁶koey⁴！

（三）计（gai³、gai⁵）、拣

1. "计"字在广州话里有两个意思，一是指"办法"，读第三调gai³；二是指"计算"，读第五调gai⁵。例如：

冇计 mou⁴gai³ （没有办法）

冇得计 mou⁴dag⁷gai⁵ （没得计算）

2. "拣"字在广州话的意思是挑选，普通话有句成语"挑三拣四"，其中"拣"和广州话意思一样。例如：

左拣右拣 zo³gaan³yau⁶gaan³ （左挑右选）

拣嚟拣去 gaan³lai²gaan³hoey⁵ （选来选去）

三记

普通话声母j、q、x，

读g、k、h要练习；

"劲、惊、兴、杰"熟练用，

拣嚟拣去冇计仔。

四练

（一）听录音，跟读下面词语

广州话	粤拼	普通话
即系	zig⁷hai⁶	也就是
即系话	zig⁷hai⁶wa⁶	也就是说

（续表）

广州话	粤拼	普通话
颈	geng^3	脖子
出奇	coed^{7}kei^2	奇怪
千祈	cin^{1}kei^2	千万
长气	coeng^{2}hei^5	啰嗦
悭钱	haan^{1}cin^3	省钱
倾偈	king^{1}gai^3	聊天
勤力	kan^{2}lig^9	勤奋
㩒掣	gam^{6}zai^5	按按钮
睇戏	tai^{3}hei^5	看电影、看戏
得闲	dag^{7}haan^2	有空
比较	bei^{3}gaau^5	比较
觉得	gog^{8}dag^7	觉得
讲价	kong^{3}ga^5	讲价
其实	kei^{2}sad^9	其实
写字	se^{3}zi^6	写字

（二）听录音，写出广州话句子

1. koey^{4}kong^{3}ga^{5}hou^{3}ging^{6}ga^5!（他讲价好厉害的！）
   _____!

2. nei^{6}cin^{1}kei^{2}m^{2}hou^{3}gab^7!（你千万不要急！）
   _____!

3. kei^{2}sad^{9}koey^{4}fan^{6}yan^{6}yau^{6}kan^{2}lig^{9}yau^{6}haan^{1}cin^3.
   （其实，他那人又勤奋又省钱。）
   _____。

4. leng⁵noey³, ting¹maan¹dag⁷m²dag⁷han²hoey⁵tai³hei⁵a⁵?
（美女，明晚有没有空去看电影啊？）
_____？

5. yau⁴mad⁷gam⁵coed⁷kei²ze¹.（有什么好奇怪的。）
_____。

6. ngo⁴zi⁵keng¹yan⁶dei⁶gam⁵coeng²hei⁵.
（我最怕别人那么啰嗦。）
_____。

【答案】（二）1. 佢讲价好劲㗎！2. 你千祈唔好急！3. 其实佢份人又勤力又悭钱。4. 靓女，听晚得唔得闲去睇戏啊？5. 有乜咁出奇啫。6. 我至惊人哋咁长气。

三 每日学话

抵死！	dai³sei³!	活该！
食懵你啊！	sig⁹mung³nei⁴a²!	如此糊涂啊，你！
憨居！	ngong⁶goey¹!	笨蛋！

广州话韵母比普通话多。学习广州话，要善于和普通话对比，抓住广州话的特色韵母，找到规律，对广州话常用的几百个字集中读记。就像学习英语背单词一样，每天突击100个单词，坚持几天是没有问题的。

第一课 鼻音韵有m尾，aa/a长短要区分

广州话的韵母除了前鼻音和后鼻音之外，比普通话多了一个m鼻音。那么，哪些字读m鼻音韵母呢？规律如下：

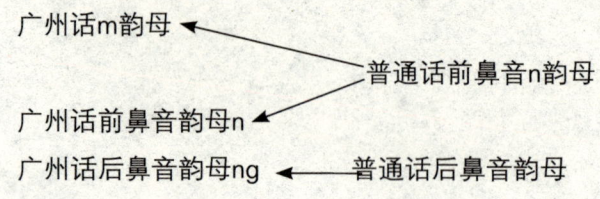

广州话m韵母 ←
　　　　　　　普通话前鼻音n韵母
广州话前鼻音韵母n ↙
广州话后鼻音韵母ng ← 普通话后鼻音韵母

扫一扫，听录音

可见，普通话里有一部分韵母读前鼻音的字，广州话读m鼻音，只要记住这些读音特别的字就行了。

🎧 一听

1. 听句子录音，选词语填空，一横线一个字。

（1）佢份人仲好易____ ____。（他那人还很容易哭。）

（2）你____ ____买吖____件____ ____ ____着？（你昨天买的那三件衣服合不合身？）

（3）____ ____ ____快____ ____嘅？（今天那么快搞定的？）

（4）____啊？____住 ____啲乜嘢啊？（怎么样？想喝什么呢？）

选项：喊 haam⁵　三 saam¹　衫 saam¹　啱唔啱 ngaam¹m²ngaam¹　琴日 kam²yad⁹　今日 gam¹yad⁹　咁 gam⁵　谂 nam³　饮 yam³　添 tim¹　搞掂 gaau³dim⁶　点 dim³

2. 看拼音，听记词语。

	粤拼	意义	例子
咸	haam²	咸味、脏	咸鱼、咸湿（好色）
喊	haam⁵	哭、叫	咪喊（别哭）
点	dim³	怎样	点解、点算
掂	dim⁶	可以、行	搞掂
掂	dim⁵	摸、碰	咪掂（别碰）
监	gaam¹	监牢、强迫	监仓（牢房）、监你做
监	gaam⁵	趁着、带着	监热食（趁热吃）
减	gaam³	减去	减饭、减实
敢	gam³	敢	敢唔敢（敢不敢）
阴	yam¹	天阴、阴险	阴天、阴湿（阴险）
饮	yam³	喝	饮胜（yam³sing⁵）（干杯）

(续表)

粤拼	意义	例子
揽 laam^3	搂、抱	揽实（抱紧）
淋 lam^2	淋、浇	淋花（faa^1）（浇花）
心 sam^1	心	开心
暗 am^5	黑、昏暗	入边好暗（里边很暗）

二讲

（一）韵母aam、am、im

1. aa是长音，a是短音。长音的发音时间比短音略长。注意区别下面的长短音韵母：

三 saam^1——心sam^1　　　监 gaam^1——今gam^1

咸 haam^2——含ham^2　　　蓝 laam^2——林lam^2

2. 普通话一部分ian韵母的字，广州话读im韵母。常用的字有：

点 dim^3 钟点、怎样　　　添 tim^1 再……

掂 dim^5 摸、碰　　　甜 tim^2 甜

尖 zim^1 尖　　　盐 yim^2 盐

（二）特色词：点、掂、咸、喊、监、减

1. "点"是一个很有特色的常字，意思是怎么、怎样、如何，可以组成许多词语。例如：

点解 dim^{3}gaai^3（为什么）　点做 dim^{3}zou^6（怎么做）

点算 dim^{3}syun^5（怎么办）　点样dim^{3}yoeng^6（怎么样）

点话 dim^{3}wa^6（怎么说）　点行dim^{3}haang^2（怎么走）

点知 dim^{3}zi^1（怎么知道）　点唔知 dim^{3}m^{2}zi^1（怎么不知道啊）

点系啊 dim³hai⁶a⁵（推搪用语，相当于"这样不太好吧"）

2. "掂dim⁵"也很常用，意思是"摸"。例如：

——你咪掂佢。nei⁴mai⁴dim⁵koey³.（你不要碰他。）

——呢件嘢好贵嘅，唔好掂咧。（这东西很贵的，不要摸吧。）

ni¹gin⁶ye⁴hou³gwai⁵ge⁵, m²hou³dim⁵le².

3. 咸、喊

"咸"字除了味道咸以外，也指衣服或身体汗味浓、脏。它可以组成许多有趣的常用词语。例如：

咸虾（haam²ha¹）：卤虾、虾酱

咸菜（haam²coi⁵）：腌制的菜、泡菜

咸苦（haam²fu³）：生活艰苦

咸衫（haam²saam¹）：脏衣服

咸臭（haam²cau⁵）：脏而臭

咸龙（haam²lung²）：港币

咸虫（haam²cung²）：色鬼

咸湿（haam²sab⁷）：好色、下流

咸湿话（haam²sab⁷wa³）：下流话

咸猪手（haam²zyu¹sau³）：色鬼

咸水话（haam²soey³wa³）：不纯正、不标准的话。

呢件衫咸晒。ni¹gin⁶saam¹haam²saai⁵.（这件衣服脏极了。）

成身都咸晒。seng²san¹dou¹haam²saai⁵.（满身都是汗臭。）

"喊"字广州话的意思是"哭"。例如：

唔好喊啦，好烦。m²hou³haam⁵la¹, hou³faan².（别哭了，烦呢！）

喊包haam⁵baau¹：爱哭的小孩

喊惊haam⁵geng¹：喊名字招回魂魄

喊噉口haam⁵gam³hau³：哭丧着脸

4. 监、减

"监"字有两个读音。读第1调时有两个意思：一是指监牢；二是强迫、勉强。第二个意思是第一层意思的引申，坐监牢当然要遭到强迫、逼迫、监督。例如：

坐监co³gaam¹：坐牢

监仓gaam¹cong¹：牢房

监趸gaam¹dan³：囚犯

又冇人监你做。yau⁶mou⁴yan²gaam¹nei⁴zou⁶.（又没人强迫你做。）

咪监佢食。mai⁴gaam¹koey⁴sig⁹.（不要强迫他吃。）

监粗来gaam⁵cou¹lai²：硬来

监水过gaam⁵soey³gwo⁵：趟水过

监热食gaam⁵yid⁶sig⁶：趁热吃

"减"字除了减少的意思外，还有一个意思：用筷子或棍子拨东西。例如：

减实：减少到最低价格。

——减实几多钱？gaam³sad⁹gei³do¹cin³?（减下来最低多少钱？）

——减啲饭畀你。gaam³di¹faan⁶bei³nei⁴.（扒点饭给你。）

（三）特色字：阴、饮

"阴"字也是很常用的字，有阴凉、阴险、阴毒、暗害的意思。可以组成许多有特色的词语。例如：

阴干（yam¹gon¹）：把湿东西放在阴凉处风干

阴功（yam¹gung¹）：造孽、可怜

阴湿（yam¹sab⁷）：阴险、狡猾

阴阴笑（yam¹yam¹siu⁵）：偷偷地笑

阴声细气（yam¹seng¹sai⁵hei⁵）：小声小气说话

畀坏人阴咗。bei³waai⁶yan²yam¹zo³.（遭坏人暗害。）

喝酒、喝茶、喝水广州话必须说"饮酒、饮水、饮茶"。"饮"字还可以组成其他词语，例如：

饮杯（yam³bui¹）：碰杯

饮胜（yam³sing⁵）：干杯

饮管（yam³gun³）：饮料的吸管

（四）揽、淋

普通话说"搂、抱"，广州话说"揽"。普通话"浇水、浇花"，广州话要用"淋"。例如：

揽住 laam³zyu⁶（搂着）

揽头揽颈 laam³tau²laam³geng³（勾肩搭背）

淋雨 lam²yu⁴（淋雨）

淋水 lam²soey³（浇水）

成身淋湿晒 seng²san¹lam²sab⁷saai⁵（全身都淋湿了）

三记

请熟记下面的m韵母字，注意长音短音。

（注音，按长短排列）

惨 caam³	监 gaam¹	揽 laam³	三 saam¹
蚕 caam²	减 gaam⁵	男 naam²	衫 saam¹
担 daam¹	咸 haam²	南 naam²	痰 taam²
胆 daam³	衔 haam²	腩 naam⁴	淡 taam⁴

淡daam⁶	喊haam⁵	啱ngaam¹	贪taam¹
啖daam⁶	揽laam³	岩ngaam²	探taam⁵
泵bam¹	坎ham³	临lam²	甚sam⁶
寻cam²	含ham²	冧lam¹	
侵cam¹	禁gam⁵	冧lam⁵	
今gam¹	襟kam¹	谂nam³	氹tam⁴
金gam¹	琴kam²	暗am⁵	音yam¹
甘gam¹	擒kam²	揞am³	阴yam¹
噉gam³	妗kam⁴	吟yam²	荫yam⁵
咁gam⁵	淋lam²	心sam¹	饮yam³
揿gam⁶	林lam²	审sam³	任yam⁶
点dim³	掂dim⁵	剑gim⁵	兼gim¹
险him³	粘nim¹	甜tim²	
尖zim¹	添tim¹	闪sim³	

四练

下面都是m鼻音的词语，请反复听读、背记。

冇胆 mou⁶daam³（没胆量）

蓝色 laam²sig⁷（蓝色）

金色 gam¹sig⁷（金色）

贪心 taam¹sam¹（贪心）

水浸 soey³zam⁵（淹水）

闪人 sim³yan²（走人）

擒青 kam²ceng¹（着急）

琴日 kam²yad⁹（昨天）

水氹 soey³tam⁴（水坑）

揞住 am³zyu⁶（捂住）

花冧 fa¹lam¹（花蕾）

冧楼 lam⁵lau³（楼塌了）

淡季 daam⁶gwai⁵（淡季）

唔咸唔淡 m²haam²m²taam⁴（平平淡淡）

临急临忙 lam²gab⁷lam²mong²（临时+急忙）

甜酸苦辣 tim¹syun¹fu³laad⁶（甜酸苦辣）

险过剃头 him³gwo⁵tai⁵tau²（非常惊险）

一啖饭 yad⁷daam⁶faan⁶（一口饭）

肚腩 tou⁴naam⁴（肚子）

第二课　闭嘴搭舌哽喉，突破入声字不愁

以下词语较具广州话特色，听读并注意分辨其中的入声韵尾。

	粤拼	意义
八卦	baad⁸gwa⁵	八卦
搭枱	daab⁸toi³	拼桌（用餐）
牙擦	nga²caad⁸	自负、傲慢
甩咗	lad⁷zo³	掉了

(续表)

	粤拼	意义
黑仔	hag⁷zai³	倒霉
塞车	sag⁷ce¹	堵车
卒之	zoed⁷zi¹	终于，总算
落力	log⁹lig⁹	卖力、给力

二讲

词语用法解释

八卦：喜欢打听别人的隐私，搬弄是非，传播小道消息。例如：

——呢个人好八卦。（这个人很八卦。）
　　ni¹go⁵yan²hou³baad⁸gwa⁵.

——讲乜八卦？gong³mad⁷baad⁸gwa⁵?（说什么八卦？）

搭枱：和别人一起拼桌用餐。例如：

——冇位啦，搭住枱先啦。（没位置了，先搭着枱吧。）
　　mou⁴wai³la⁵, daab⁸zyu⁶toi³sin¹la¹.

牙擦：自高自大，傲慢。例如：

——佢份人好牙擦，未必听你。（他那人很自负，未必听你。）koey⁴fan⁶yan²hou³nga²caad⁸, mei⁶bid⁷teng¹nei⁴.

甩：相当于普通话的"掉"的意思。

黑："黑色"的意思外，还引申为"倒霉"之意。

卒之："终于、总算"之意。

三记

入声字韵母有长短,

长八短七不同调;

(ab/ad/ag列出短音入声韵)诸韵是短音,

(aab/aad/aag列出长音入声韵)诸韵是长音。

四练

(一)听录音,跟读词语

得意	dag⁷yi⁵	可爱
颈渴	geng³hod⁸	口渴
食粥	sig⁹zug⁷	喝粥
跌亲	did⁵can¹	跌倒
雀仔	zoeg⁸zai³	小鸟
有益	yau⁴yig⁷	有好处
刮须	gwaad⁸sou¹	剃须
密实	mad⁹sad⁹	严实
罚钱	fad⁹cin³	罚款
插苏	caab⁵sou¹	插座

(二)听录音,填空,并试将句子译成普通话

1. 吖几只____睇落去几____。

   _____

2. ____咗成日,____有啖茶饮下。

   _____

3. 佢份人____又____，做嘢又唔____。

   _____

4. 今日好____，____要____，____大____，仲迟到兼____添。

   _____

5. ____啦，对你____啊。

   _____

【答案】（二）1. 雀仔、得意（那几只小鸟看上去挺可爱的。）2. 颈渴、卒之（口喝了整天，终于可以喝口茶。）3. 八卦、牙擦、落力（他那人八卦又自负，工作又不给力。）4. 黑仔、饮茶、搭枱、返工、塞车、罚钱（今天很倒霉，喝茶要拼桌，上班大堵车，还迟到兼被罚款了。）5. 食碗粥、有益（喝碗粥吧，对你有好处。）

第三课 特色韵母长短音，务必记熟和读准

一听

听录音，看粤拼，填上适当的字词。

1. ____落去____ ____。
   tai³log⁹hoey⁵sai⁵dag⁷zai⁶.

2. 等我____ ____先。
   dang³ngo⁴nam³ha⁴gai³zai³sin¹.

3. 我听日____ ____。
   ngo⁴ting¹yad⁹soeng⁶zau⁵zau³.

4. 你哋____ ____饮酒啦。
   nei⁴dei⁶yad⁷cai²gwo⁵lai²yam³zau³la¹.

5. ____，帮手____度门。
   m²goi¹, bong¹sau³hoi¹ha⁴dou⁶mun².

6. 唔好意思，要你等咁____。
   m²hou³yi⁵si¹, yiu⁵nei⁴dang³gam⁵noi⁶.

7. 你啱啱____乜?
   nei⁴ngaam¹ngaam¹gong³mad⁷?

8. 你件衫我_____。
   nei⁴gin⁶saam¹ngo⁴fong⁵hai³zoeng¹cong²dou⁶.

9. 快啲____追啦!
   faai⁵di¹hoey⁵zoey¹la¹!

10. 啱啱行过吓个____你识唔识?
    ngaam¹ngaam¹haang²gwo⁵go³go⁵leng⁵noey³nei⁴sig⁷m²sig⁷?

11. ____，畀____斤我。
    lou⁴sai⁵, bei³loeng⁴gan¹ngo⁴.

12. 哇!煮乜咁____啊?
    wa⁵! zyu³mad⁷gam⁵hoeng¹a⁵?

【答案】1. 睇、细、得滞 2. 谂下、计仔 3. 上昼、走 4. 一齐、过嚟 5. 唔该、开下 6. 耐 7. 讲 8. 放喺张床度 9. 去 10. 靓女 11. 老细、两 12. 香

（一）广州话韵母的重要特色

和普通话相比，广州话韵母有三个重要特色：

1. 有m尾巴的鼻音韵母；
2. 有b、d、g尾巴的入声韵母；
3. 韵腹有长音和短音的区别。

除了上面三点之外，广州话还有几个普通话没有的元音（韵腹）。

（二）其他特色韵母的发音要领

ong发音口形比普通话的ong开得更大、更圆。

oey发音口形先是开口小的o，再过渡为普通话的ü，也就是近似普通话的"哦与"两个字快速连续发音。

oeng发音口形先是开口宽的e，再快速过渡到开口大的ong。这个韵母发音比较难，要多听多读。

请注意，oe是用了两个字母表示一个音，千万不要以为是两个音。

ai、au是短音韵母，与它们相对应的长音韵母是aai、aau。长音韵母的韵腹发音要比短音韵母时间长。记住这点就行。

oi发音有点类似英语单词boy（男孩）韵母，先发口形圆的o，再过渡到i，有点类似普通话"哦以"的合音，后面的尾巴i要发得短、发得轻。

三记

韵母长短要区分；
"难兰、搞九、鸡街"读得准，
"去岁"读hoey^5、soey^5，
"两样"读loeng^4 yoeng^6，
"内外""boy"全记清。

四练

看粤拼,试拼读。

ai — aai

第 dai^6 —— 大 daai^6 　细 sai^5 —— 晒 saai^5

咪 mai^4 —— 买 maai^4 　制 zai^5 —— 债 zaai^5

鸡 gai^1 —— 街 gaai^1

au — aau

丑 cau^3 —— 炒 caau^3 　口 hau^3 —— 考 haau^3

九 gau^3 —— 搞 gaau^3 　后 hau^6 —— 效 haau^6

扣 kau^5 —— 靠 kaau^5

e

坐车 co^{4}ce^1　　　夜晚 ye^{6}maan^4　　　写字 se^{3}zi^6

舍得 se^{3}dag^7　　扯烂 ce^{3}laan^6　　　多谢 do^{1}ze^6

ong

忙 mong^2　　　　旺 wong^6　　　　撞 zong^6

挡住 dong^{3}zyu^6　放开 fong^{5}hoi^1　　广州 gwong^{3}zau^1

糖果 tong^{2}gwo^3　月光 yud^{9}gwong^1(月亮)

oey、oeng

推 toey^1　　　　举高 goey^{3}gou^1　　几岁 gei^{3}soey^5

一样 yad^{7}yoeng^6　　凉爽 loeng^{2}song^3

两箱 loeng^{2}soeng^1　　饮醉酒 yam^{3}zoey^{5}zau^3

商量 soeng^{1}loeng^2　　滚水 gun^{3}soey^3(开水)

三 每日学话

黐线	ci^{1}sin^5!	神经病
黐孖筋	ci^{1}ma^{1}gan^1	发神经
契弟	kai^{5}dai^6	混蛋；家伙
水鱼	soey^{3}yu^3	蠢货；冤大头
金鱼佬	gam^{1}yu^{2}lou^3	色鬼

第14天 广州话要地道，特色词很重要

前面学过一些广州话特色字词，如"企、啱、唔该、点解"等等。从今日起，重点学习一些其他常用的特色词语。

第一课 人体部位多单字，组成词语很活跃

下面都是常用的人体部位词语。

广州话	粤拼	普通话
面	min^6	脸
头壳	tau^{2}hog^8	脑袋
口面	hau^{3}min^6	脸色
鼻哥	bei^{6}go^1	鼻子
眼	ngaan^4	眼睛

（续表）

广州话	粤拼	普通话
牙	nga²	牙齿
脷	lei⁶	舌头
耳仔	yi⁴zai³	耳朵
心口	sam¹hau³	胸膛
肚	tou⁴	肚子
肚腩	tou⁴naam⁴	肚皮肉、腹部
瘛	mag⁹	痣
大髀	daai⁶bei³	大腿
膝头哥	sad⁷tau²go¹	膝盖

二讲

（一）哥、头、口、脚、眼、牙

广州话表示人体部位的词，经常只用一个字表示。这些字可以组成许多常用词语。

1."鼻子、膝盖"广州话说"鼻哥、膝头哥"。"哥"和前面学过的"仔、女、婆、佬"一样，也可以充当词缀。例如：

细路哥 sai⁵lou⁶go¹（小孩子）

学生哥 hog⁹saang¹go¹（学生）

初哥 co¹go¹（初学者）

一哥 yad⁷go¹（第一名，一把手）

2."头"可以组成许多词语。例如：

头大 tau²daai⁶：麻烦

头车 tau²ce¹：首班车

头头 tau²tau³：开头、刚才（现在已经很少用）

头先 tau²sin¹：刚才

头皮tau²pei²：头屑

头泥tau²nai²：头上的污垢（现在已经很少用）

头毛tau²mou²：头发（现在已经很少用）

头耷耷tau²dab⁷dab⁷：低头，垂头丧气

3. "口"是嘴巴的意思，它可以组成很多常用词语。例如：

口唇hau³soen²：嘴唇

口唇膏hau³soen²gou¹：口红

口角hau³gog⁸：嘴角

口水hau³soey³：唾液

口水花hau³soey³fa¹：唾沫

口水痰hau³soey³taam²：痰

口淡hau³taam⁴：没有胃口

口痕hau³han²：嘴巴痒（说个不停）

口窒窒hau³zad⁹zad⁹：结结巴巴

口响hau³hoeng³：嘴上说得漂亮

口密hau³mad⁹：藏得住话

口疏hau³so¹：心里藏不住话

口花花hau³fa¹fa¹：多嘴、夸夸其谈

口齿hau³ci³：信用。如：呢个人冇口齿

知人口面不知心zi¹yan²hau³min⁶bad⁷zi¹sam¹

4. 广州话的"脚（goeg⁸）"包括整个下肢，不用普通话的"腿"字。如果要指大腿，就得说"大脾"。下面是"脚"组成的词语：

枱脚toi³goeg⁸：桌子的脚

鸡脚gai¹goeg⁸：鸡爪

牛脚ngau²goeg⁸：牛蹄

打牌唔够脚da³paai³m²gau⁵goeg⁸：打牌不够人手

脚瓜goeg⁸gwa¹：腿肚子

脚（骨）力goeg⁸（gwad⁷）lig⁹：脚力

脚甲goeg⁸gaab⁸：脚趾甲

脚趾公goeg⁸zi³gung¹：脚拇指

脚趾尾goeg⁸zi³mei¹：脚小指

脚板goeg⁸baan³：脚掌

脚踭goeg⁸zaang¹：脚后跟

5. 广州话单独用一个"眼"字表示眼睛。"眼"字还可以组成许多词语：

眼毛ngaan⁴mou²：睫毛

眼眉ngaan⁴mei²：眉毛

眼眉跳ngaan⁴mei²tiu²：眼皮跳

眼核ngaan⁴wad⁹：眼珠

眼屎ngaan⁴si³：眼屎，眵

眼水ngaan⁴soey³：眼泪、眼药水

眼界ngaan⁴gaai⁵：眼力

眼利ngaan⁴lei⁶：眼力好

眼瞓ngaan⁴fan⁵：眼睛困倦（想睡觉）

眼热ngaan⁴yid⁹：眼红，嫉妒

眼浅ngaan⁴cin³：气量小，容易掉泪

眼甘甘ngaan⁴gam¹gam¹：目不转睛地看着、贪婪的眼光

眼光光ngaan⁴gwong¹gwong¹：睁着眼睛，眼巴巴，发呆

眼定定ngaan⁴ding⁶ding⁶：两眼发呆

眼湿湿ngaan⁴sab⁷sab⁷：泪汪汪的样子

眼蛇蛇ngaan⁴se²se²：眼睛斜着看人，心术不正

眼斩斩ngaan⁴zaam³zaam³：眼睛一眨一眨的样子

眼倔倔ngaan⁴gwad⁹gwad⁹：露出凶恶的眼睛

眼凸凸ngaan⁴dad⁹dad⁹：眼睛鼓鼓的，红了眼

眼火爆ngaan⁴fo³baau⁵：看到就愤怒

6. 广州话单用"牙"字表示牙齿。它可以组成许多常用词语：

牙肉nga²yug⁹：齿龈。

牙屎nga²si³：牙垢。

牙铰nga²gaau⁵：下巴。

牙罅nga²la⁵：牙缝。

牙呀仔nga²nga¹zai³：婴儿。

牙力nga²lig⁹：说话有威信。如：佢有牙力。

牙烟nga²yin¹：危险、可怕；难看、质量差。如：手工太牙烟。

牙擦nga²caad⁸：夸夸其谈，狂妄。如：呢个人牙擦至极。（这个人狂妄到顶了。）

（二）广州话自造字"脷"

广州话"舌"与"蚀"同音。做生意最怕蚀本，希望吉利、赢利。因此，广州人出于做生意忌讳蚀本，把舌头说成"利"，加个"月"字旁，造了一个"脷"字。人和动物的舌头都要说"脷"。

三记

人体部位多单字，

"头眼口牙"能组词。

"鼻哥""耳仔""膝头哥"，

舌头说"脷"有赚头。

四练

听录音,看粤拼,写粤语句子。

1. ngo⁴zong⁶can¹go⁵sad¹tau²go¹, yi²ga¹zung⁶tung⁵gan³.
   (我撞到了膝盖,现在还在疼。)
   _____。

2. nei⁴zou⁶mad⁷ngaan⁴gam¹gam¹gam³mong⁶zyu⁶go³go⁵noey⁴zai³?
   (你怎么目不转睛地看着那女生?)
   _____。

3. wong²saang¹hou³ngaan⁴lei⁶, gam⁵do¹yan²koey⁴yad⁷ha⁴zau⁶wan³dou³nei⁴.
   (王先生眼力很好,这么多人他一下子就找到你了。)
   _____。

4. wa⁶! nei⁴gam⁵hou³goeg⁸gwad⁷lig⁹?haang²zo³go⁵gei³zung¹dou¹m²gui⁶?
   (哇!你脚力那么好?走了一个多小时还不累?)
   _____。

5. ngo⁴kam²yad⁹bei³wong²saang¹gig⁷can¹, yi²ga¹gin⁵dou³koey⁴zau⁶ngaan⁴fo³baau⁵!
   (我昨天被王先生气到了,现在看到他就愤怒!)
   _____!

【答案】1. 我撞亲个膝头哥,依家仲痛紧。 2. 你做咩眼甘甘噉望住吖个女仔? 3. 王生好眼利,咁多人佢一下就搵到你。 4. 哇!你咁好脚骨力?行咗个几钟仲唔攰? 5. 我琴日畀王生激亲,依家见到佢就眼火爆!

第二课　食在广州：特色食品词

一听

广州话	粤拼	普通话
食饭	sig^{9}faan^6	吃饭
烂饭	laan^{6}faan^6	稀饭
餸	sung^5	菜肴
生骨米	saang^{1}gwad^{7}mai^4	夹生饭
粉	fan^3	粉条
粥	zug^9	粥
面	min^6	面条
生果	saang^{1}gwo^3	水果
煲汤	bou^{1}tong^1	熬汤
滚水	gwan^{3}soey^3	开水
例汤	lai^{6}tong^1	例汤
饮茶	yam^{3}ca^2	喝茶
雪条	syud^{8}tiu^3	冰棍
马蹄	ma^{4}tai^3	荸荠
猪手	zyu^{1}sau^3	猪蹄
鸡翼	gai^{1}yig^9	鸡翅膀
半打	bun^{5}da^1	半打

二讲

广州话有的食品词的说法与普通话差别很大,广州特色食品的品种也很多,要记住一些常用的食品字。

(一)饭、粥、粉、面、汤

1. 广州话中有不少和"饭"有关的表达。例如:

食饭 sig^{9}faan^6:吃饭

煮饭 zyu^{3}faan^6:做饭

饭有啲烂 faan^{6}yau^{4}di^{1}laan^6:饭做得有些软

炒饭 caau^{3}faan^6:炒饭

蛋炒饭 daan^{3}caau^{3}faan^6:蛋炒饭

2. 广州人煮的粥,品种很多,有不少表达值得记住。例如:

煲粥 bou^{1}zug^7:熬粥

食粥 sig^{9}zug^7:喝粥

白粥 baag^{9}zug^7

瘦肉粥 sau^{5}yug^{9}zug^7

皮蛋粥 pei^{2}daan^{3}zug^7

皮蛋瘦肉粥 pei^{2}daan^{3}sau^{5}yug^{9}zug^7

鱼片粥 yu^{2}pin^{3}zug^7

猪肝粥 zyu^{1}gon^{1}zug^7

猪肠粥 zyu^{1}coeng^{3}zug^7

3. "粉"的品种也不少。例如:

肠粉 coeng^{3}fan^3(一种粤式小吃)

布拉肠 bou^{5}laai^{1}coeng^3(用布为工具制作的肠粉)

炒粉 caau^{3}fan^3

河粉 ho^{2}fan^3(一种粤式粉条)

牛腩粉 ngau²naam⁴fan³

干炒牛河 gon¹caau³ngau²ho²（以芽菜、河粉、牛肉炒成）

4. "汤"也是广州饮食的特色，逢餐必有汤。例如：

靓汤 leng⁵tong¹（美味的汤）

例汤 lai⁶tong¹（中式餐厅每天都有提供的汤水）

老火靓汤 lou⁴fo²leng⁵tong¹（长时间慢火熬成的汤）

鱼头豆腐汤 yu²tau²dau⁶fu⁶tong¹

猪肺骨头汤 zyu¹fai⁵gwad⁷tau²tong¹

五指毛桃煲猪骨 m⁴zi³mou⁴tou²bou¹zyu¹gwad⁷

鸡骨草煲猪横脷 gai¹gwad⁷cou³bou¹zyu¹waang²lei⁶

5. 广州话中的面食词语虽然不是很多，但挺有特色。例如：

汤面 tong¹min⁶

炒面 caau³min⁶

牛腩面 ngau²naam⁴min⁶

云吞（馄饨）面 wan²tan¹min⁶

鲜虾云吞面 sin¹ha¹wan²tan¹min⁶

（二）点心和菜肴

广州的早点和夜宵食品非常丰富，应记住一些常见点心和菜肴名称。例如：

博撑 bog⁹caang¹

番薯饼 faan¹syu²beng³

炸牛奶 za⁵ngau²naai⁴

干蒸烧卖 gon¹zing¹siu¹maai³

虾饺 ha¹gaau³

蛋挞 daan⁶taad⁷

叉烧包 ca¹siu¹baau¹

豆腐花 dau⁶fu⁶fa¹（豆腐脑）

马拉糕 ma⁴laai¹gou¹

粉粿 fan³gwo³

白切鸡 baag⁹cid⁸gai¹

豉油鸡 si⁶yau²gai¹

盐焗鸡 yim²gug⁹gai¹

手撕鸡 sau³si¹gai¹

烧鹅 siu¹ngo³

烧肉 siu¹yug⁹

叉烧 ca¹siu¹

咕噜肉 gu¹lou¹yug⁹（甜酸肉）

白灼菜心 baag⁹coeg⁸coi⁵sam¹

鸡髀 gai¹bei³（鸡腿）

凤爪 fung⁶zaau³（鸡爪）

蒜蓉生菜 syun⁵yung²saang¹coi⁵

三记

食在广州真唔假，
买餸、煲汤、食粥、饮早茶。
靓汤、例汤、老火汤，
清火、去湿、补气，任你拣。
早茶、宵夜食不停，
白粥皮蛋瘦肉粥，
肠粉、河粉、布拉肠。
白切鸡、手撕鸡、豉油鸡、盐焗鸡，

凤爪、鸡胗同埋鸡翼,
想食鸡肉千祈记住名。

🔊 四练

(一)看拼音,读句子,并把前面四句翻译成普通话

1. 朝早我请你去广州酒家饮早茶,得唔得闲?
ziu¹zou³ngo⁴ceng³nei⁴hoey⁵gwong³zau¹zau³ga¹yam³zou³ca², dag⁷m²dag⁷haan²?

普通话:_____?

2. 你食乜粥? nei⁴sig⁹mad⁷zug⁷?

普通话:_____?

3. 我中意鱼片皮蛋粥。
ngo⁴zung¹yi⁵yu²pin³pei²daan³zug⁷.

普通话:_____。

4. 你哋今日有乜特价餸?
nei⁴dei⁶gam¹yad⁹yau⁴mad⁷dag⁹ga⁵sung⁵?

普通话:_____?

5. 我要一碟肠粉。ngo⁴yiu⁵yad⁷dib⁹coeng³fan³.

6. 半只手撕鸡,一个中煲例汤。
bun⁵zeg⁸sau³si¹gai¹, yad⁷go⁵zung¹bou¹lai⁶tong¹.

7. 主食要半打番薯饼、半打博撑。
zyu³sig⁹yiu⁵bun⁵da¹faan¹syu²beng³、bun⁵da¹bog⁹caang¹.

(二)读练下面的食品水果名称

番薯 faan¹syu² （红薯） 芒果 mong¹gwo³

薯仔 syu²zai³ （土豆） 香蕉 hoeng¹ziu¹

矮瓜 ai³gwa¹　（茄子）　黄皮 wong²pei³

桔　gad⁷　　　（橘子）　青瓜 ceng¹gwa¹

粟米 sug⁷mai⁴　（玉米）　西瓜 sai¹gwa¹

鸡脾 gai¹bei³　（鸡腿）　凉瓜 loeng²gwa¹

荔枝 lai⁶zi¹　　　　　　葱 cung¹

龙眼 lung²ngaan⁴　　　　蒜头 syun⁵tau²

油炸鬼 yau²za⁵gwai³　（油条）

（三）试读粤拼，根据普通话提示，写粤语句子

1. wa⁶! yad⁷man¹yad⁷gan¹ma⁴tai³, hou³dai³a⁵!
哇！一块钱一斤荸荠，好值啊！

_____

2. nei⁴zi⁵zung¹yi⁵sig⁹mad⁷saang¹gwo³?
你最喜欢吃什么水果？

_____

3. yad⁷zan⁶nam³zyu⁶sig⁹fan³ding⁶sig⁹min⁶?
一会儿打算吃粉还是吃面？

_____

4. yau⁴mad⁷lou⁴fo³leng⁵tong¹?ngo⁴dei⁶m⁴go²yan², yad⁷yan²yad⁷zung¹.
有什么老火汤？我们五个人，一人一盅。

_____

5. ngo⁴ting¹yad⁹bou¹pei²daan³sau⁵yug⁶zug⁷, nei⁴giu⁵maai²nei⁴lou⁴po²yad⁷cai²gwo⁵lai²sig⁹la¹.
我明天熬皮蛋瘦肉粥，你叫上你老婆一起过来吃吧。

_____

6. ni¹gaan¹pou⁵tau³ge⁵sin¹ha¹wan²tan¹min⁶hai⁶cyun²gwong¹zau¹zi³coed⁷meng³ge⁵!

这个店铺的鲜虾云吞面是全广州最有名的!

【答案】(一)1. 早上我请你去广州酒家喝早茶,有没有空? 2. 你喝什么粥? 3. 我喜欢鱼片皮蛋粥。4. 你们今天有什么特价菜?

(三)1. 哇!一蚊一斤马蹄,好抵啊! 2. 你至中意食乜生果? 3. 一阵谂住食粉定食面? 4. 有乜老火靓汤?我哋五个人,一人一盅。5. 我听日煲皮蛋瘦肉粥,你叫埋你老婆一齐过嚟食啦。6. 呢间铺头嘅鲜虾云吞面系全广州至出名嘅!

第三课　常用生活物品词

 一听

	粤拼	意义	举例
家私	ga¹si¹	家具	买家私(买家具)
枱	toi³	桌子	饭枱(饭桌)
凳	dang⁵	椅子	枱凳(桌子椅子)
樽	zoen¹	瓶子	水樽(水瓶)
房	fong³	房间	我间房(我房间)
屋企	ug⁷kei³	家里	返屋企(回家)
银包	ngan²baau¹	钱包	
胶	gaau¹	塑料	胶鞋、胶桶
袋	doi³	袋子	胶袋、手袋
隔离	gaag⁸lei²	邻居	隔离间房
街市	gaai¹si⁴	市场	

(续表)

	粤拼	意义	举例
铺头	pou⁵tau³	店铺	隔离铺头
档口	dong⁵hau³	小摊位	睇档（看店）
手机	sau³gei¹		
电视	din⁶si⁶		睇电视
电脑	din⁶nou⁴		玩电脑
雪柜	syud⁸gwai⁶	冰箱	
巴士	ba¹si³		大巴，小巴，中巴

二讲

（一）传统家具、用品

1. 房、屋、楼。广州话中，这三个字的用法不一样。房间广州话单说"房"；一套房、一幢别墅（独立的房屋）一般说"屋"或"楼"，而广州话的"屋企"指"家"。注意比较下面句子中这几个字的意思：

——入屋企坐下先。（先进屋坐一下。）
　　yab⁹ug⁷kei³co⁴ha⁴sin¹.

——我揾日同你去睇楼。（我找天和你去看楼房。）
　　ngo⁴wan³yad⁹tung²nei⁴hoey⁵tai³lau³.

——我细佬喺广州买咗楼。（我在弟弟广州买了房。）
　　ngo⁴sai⁵lou³hai³gwong²zau¹maai⁴zo³lau³.

——我喺呢个小区买咗一个单元。（我在这个小区买了一套房子。）ngo⁴hai³ni¹go⁵siu³koey¹maai⁴zo³yad⁷go⁵daan¹yun².

——一间房，一间屋，一套房，一个单元。（意思一样。）
　　yad⁷gaan¹fong³, yad⁷gaan¹ug⁷, yad⁷tou⁵fong³, yad⁷go⁵daan¹yun².

请注意，广州话要表达一般的买房子，必须说"买屋、买楼"。但是，具体表达买了一套房子、一栋别墅，则要说"一间房、一间屋"，或者"一套房"。

2．枱、胶。这两个字也是广州话的特色字。广州话的"枱"指"桌"，而"胶"则指塑料。例如：

饭枱 faan⁶toi³（饭桌）

书枱 syu¹toi³（课桌）

写字枱 se³zi⁶toi³（办公桌，书桌）

胶袋 gaau¹doi³（塑料袋）

胶鞋 gaau¹haai²（塑料鞋）

胶桶 gaau¹tung³（塑料桶）

（二）现代电器、器具

珠三角是家电制造中心，许多电器和器具已经非常普及。这些常见家用电器名称也一定要记住。例如：

电视机 din⁶si⁶gei¹

CD机 CDgei¹

相机 soeng³gei¹

DV机 DVgei¹

手机 sau³gei¹

电脑 din⁶nou⁴

手提 sau³tai²（笔记本电脑）

雪柜 syud⁸gwai⁶

洗衣机 sai³yi¹gei¹

电饭煲 din⁶faan⁶bou¹

微波炉 mei²bo¹lou²

三记

1. 下面的口诀帮助你记住"楼、房、屋"的用法。

"楼、屋、房",不相同;

"看房、买房"要用"楼";

一套房说"一间屋";

我家、你家用"屋企"。

2. 以下几个词也是常用词,请熟读。

大褛	daai^{6}lau^1	大衣
䄛衫	soed^{7}saam^1	衬衣
冷衫	laang^{1}saam^1	毛衣
着裙	zoeg^{8}kwan^2	穿裙子
高踭鞋	gou^{1}zaang^{1}haai^2	高跟鞋
长靴	coeng^{2}hoe^1	高筒靴
T恤	T soed^7	T恤
公仔	gung^{1}zai^3	小人儿

四练

(一)看粤拼,写粤语句子

1. m^{2}goi^{1}bei^{3}do^{1}go^{5}gaau^{1}doi^{3}ngo^4.

(请再给我一个塑料袋。)

_____

2. gaag^{8}lei^{2}gaai^{1}si^{4}di^{1}ye^{4}peng^{2}hou^{3}do^1.

(隔壁市场的东西便宜很多。)

_____

3. ngo⁴ ngan²baau¹zing⁶dai¹gei³man¹za⁵.
（我钱包剩下几块钱而已。）

_____

4. ngo⁴gaan¹fong³din⁶zai⁵wai⁶zo³.
（我房间的开关坏了。）

_____

5. mai⁴kei⁴hai³dou⁶, yab⁹ug⁷wan⁴zoeng¹dang⁵co⁴la¹.
（别站着，进屋找条凳子坐吧。）

_____

6. zi⁶gei³za¹ce¹hou³gui⁶, bad⁷yu²co⁴dei¹tid⁸la¹.
（自己开车很累，不如坐地铁吧。）

_____

7. mai⁴co⁴din⁶daan¹ce¹, hou³nga²yin¹ge⁵.
（不要坐电车，很危险的。）

_____

8. ze⁵nei⁴bou⁶sau³gei¹yung⁶ha⁴, ngo⁴da³go⁵din⁶wa³faan¹ug⁷kei³.
（借用一下你的手机，我给家里打个电话。）

_____

（二）听下面两段话，根据内容填空

1. 我____下____入伙（yab⁹fo³ 新居入住），我____听日去家私城买几件____。____啊，____啊，呢啲就实要买嘅。

2. 梗系要啊。但系听讲听日____，你出去记得攞____，至好着埋件____同____添。

【答案】（一）1. 唔该畀多个胶袋我。2. 隔离街市啲嘢平好多。3. 我银包剩低几蚊咋。4. 我间房电掣坏咗。5. 咪企喺度，入屋搵张凳坐啦。6. 自己揸车好劫，不如坐地铁啦。7.

第14天 广州话要地道，特色词很重要

咪坐电单车，好牙烟嘅。8. 借你部手机用下，我打个电话翻屋企。

（二）1. 屋企、礼拜、谂住、家私、枱凳、雪柜 2. 翻风落雨、遮、冷衫、大褛

唔该！点菜！	m²goi¹! dim³coi⁵!	（麻烦，点菜。）
唔该！埋单！	m²goi¹! maai²daan¹!	（麻烦，结账。）
人头饭！	yan²tau²faan⁶!	（一人一碗饭！）
今日送乜例汤啊？	gam¹yad⁹sung⁵mad⁷lai⁶tong¹a⁵?	（今天送什么例汤啊？）
有冇折头？	yau⁴mou⁴zid⁸tau²?	（有没有折扣？）

广州话有许多日常起居动作的表达很有特色。记住一些常用的单字,用这些单字就可以组成许多常用词语。

第一课 日常动作词语

一听

	粤拼	举例	普通话
起	hei³	起身、起先	起床、刚才
洗	sai³	洗面、洗身	洗脸、洗澡
行	haang²	行街、行开	逛街、走开
坐	co⁴	坐低、坐落嚟	坐下、坐下来
屙	o¹	屙尿、屙肚	拉尿、泻肚子
帮	bong¹	帮手、帮衬	帮忙、光顾
执	zab⁷	执到钱	拾到钱

（续表）

	粤拼	举例	普通话
斟	zam¹	斟茶、斟酒	倒茶、倒酒
估	gu³	估估下、估唔到	随便猜、想不到
讲	gong³	讲话、讲大话	说话、说谎
话	wa⁶	话你、话实	说你、说定
恨	han⁶	恨死隔离	让旁人很羡慕
憎	zang¹	乞人憎	讨人厌
呃	ngaag¹	呃钱、呃鬼	骗钱、骗鬼
闹	naau⁶	闹人、闹交	骂人、吵架
嘈	cou²	嘈到死	吵得要命

二讲

（一）起、洗、行、走、坐、瞓

这几个字是广州话日常起居表达最常用的字。"洗""坐"的用法和普通话一样。洗澡，广州话可以说"冲凉""洗身"，但多使用"冲凉"。

"瞓"意思是"睡、躺"。在前面我们已经学习过。例如：

瞓觉：fan⁵gaau⁵ 睡觉

瞓低：fan⁵dai¹ 躺下

瞓晏觉：fan⁵aan⁵gaau⁵ 睡午觉

瞌眼瞓：hab⁷ngaan⁴fan⁵ 打瞌睡

瞓系办公枱上面：fan⁵hai³baan⁶gung¹toi³soeng⁶min⁶ 躺在办公桌上

快啲瞓低：faai⁵di¹fan⁵dai¹ 快点躺下

"起"字可以组成许多常用词语。例如：

起身，咪坐喺度。hei³san¹，mai⁴co⁴hai³dou⁶.（起来，不要坐这里。）

起嚟（起来，虚词）：hei³lai²，如：笑起嚟。

起价：hei³ga⁵（涨价）

起筷：hei³faai⁵（开吃）

起菜：hei³coi⁵（上菜）

"行"是广州话中最常用的单字之一。普通话的"走"字在广州话中都要用"行"字。例如：

行开：haang²hoi¹ 走开

行出行入：haang²coed⁷haang²yab⁹ 出出进进

行行企企：haang²haang²kei⁴kei⁴ 走走站站

行运：haang²wan⁶ 走运

行衰运：haang²soey¹wan⁶ 走背运

行街：haang²gaai¹ 逛街

行雷：haang²loey² 打雷

行路：haang²lou⁶ 走路

行人路：haang²yan²lou⁶ 人行道

出去行下：coed⁷hoey⁵haang²ha⁴ 出去走走

唔好同佢行：m²hou³tung²koey⁴haang² 不要同他来往

行唔郁：haang²m²yug⁷ 走不动

广州的"走"字，意思是跑。不过，要表达"他走了"的意思，广州话一样用"走"。"走"可以组成许多常用词语。例如：

佢走咗。koey⁴zau³zo³．（他走了。）

走人：zau³yan² 溜走

睇走眼：tai³zau³ngaan⁴ 看不准，看错

走鸡：zau³gai¹ 错过机会

走红：zau³hung² 走红运，出名

走鬼：zau³gwai³ 无牌小贩

走路：zau³lou³ 逃跑

（二）逼、斟、恨、憎

这几个字在广州话里也很有特色。"逼"字有的人也写"迫"字，表示拥挤。例如：

逼人：big⁷yan²拥挤

——坐好啦，唔好逼嚟逼去。（坐好吧，不要挤来挤去。）
　　　　co⁴hou³la¹, m²hou³big⁷lai²big⁷hoey⁵.

——日日返工都要逼巴士。（每天上班都要挤公车。）
　　　　yad⁹yad⁹faan¹gung¹dou¹yiu⁵big⁷ba¹si³.

——今日地铁好逼。（今天地铁很挤。）
　　　　gam¹yad⁹dei⁶tid⁸hou³big⁷.

"斟酒、斟茶"在普通话里是很少用的文言词，但在广州话里则很常用。广州人表达喝水、喝酒、喝茶，要说"饮酒、饮水、饮茶"，要倒酒、倒茶、倒水，则一定要说"斟酒、斟茶、斟水"，让人感到文雅。

"恨"和"憎"在广州话里的用法也很特别。"恨"字在广州话里，不是"仇恨"的意思，而是后悔、惋惜、巴不得、羡慕的意思。广州话要表达仇恨的意思，要说"憎"，除此之外，"憎"还有讨厌、讨嫌的意思。例如：

——恨不得你快啲走。（巴不得你快点离开。）
　　　　han⁶bad⁷dag⁷nei⁴faai⁵di¹zau³.

——我好恨食雪条。（我很渴望吃冰棍。）
　　　　ngo⁴hou³han⁶sig⁹syud⁸tiu³.

——呢度咁好，边个都恨啦。（这里很好，谁都喜欢呀。）
　　　　ni¹dou⁶gam⁵hou³, bin¹go⁵dou¹han⁶la¹.

——我好憎人哋食烟。（我很讨厌别人抽烟。）

ngo⁴hou³zang¹yan²dei⁶sig⁹yin¹.

——我憎到佢鬼噉。（我恨透了他。）
ngo⁴zang¹dou⁵koey⁴gwai³gam³.

（三）呃、闹、嘈

"呃、闹、嘈"也是广州话的特色表达，与普通话差别较大，要注意分清。例如：

——小心，唔好畀人呃。（小心点儿，别让人给骗了。）
siu³sam¹, m²hou³bei³yan²ngaag⁷.

——做错嘢畀人闹咗几句。（做错事给人骂了几句。）
zou⁶co⁵ye⁴bei³yan²naau⁶zo³gei³goey⁵.

——咪嘈住我瞓。（别吵着我睡觉。）
mai²cou²zyu⁶ngo⁴fan⁵.

——你呃唔到我。（你骗不着我。）
nei⁴ngaag⁷m²dou³ngo⁴.

（四）讲、话、说话、讲话

初学者总是搞不清这几个词语的用法。"讲""话"都可以单独使用，表示"说"，用"讲"用"话"意思一样。例如：

你讲乜嘢？你话乜嘢？（你说什么？）
nei⁴gong³mad⁷ye⁴? nei⁴wa⁶mad⁷ye⁴?

你讲先。你话先。（你先说。）
nei⁴gong³sin¹. nei⁴wa⁶sin¹.

人人都讲你好。人人都话你好。
yan²yan²dou¹gong³nei⁴hou³. yan²yan²dou¹wa⁶nei⁴hou³.

"讲"字可以组成许多词语。例如：

讲笑：gong³siu⁵ 开玩笑

讲粗口：gong³cou¹hau³ 讲痞话

讲定：gong³ding⁶ 说定

讲古：gong³gu³ 讲故事

讲大话：gong³daai⁶wa⁶ 说谎

讲人事：gong³yan²si³（gong³yan²si⁶）讲人情

讲咁易：gong³gam⁵yi⁶ 说起来容易

讲漏嘴：gong³lau⁶zoey³ 说走了嘴

"话"还有"劝说、告诉"的意思，它也可以组成许多词语。例如：

话畀我听。wa⁶bei³ngo⁴teng¹.（告诉我。）

话畀佢知。wa⁶bei³koey⁴zi¹.（告诉他。）

你去话下佢啦。nei⁴hoey⁵wa⁶ha⁴koey⁴la¹.（你去劝一下他吧。）

话定：wa⁶ding⁶ 说定、说好

话唔埋：wa⁶m²maai² 说不定

话唔定：wa⁶m²ding⁶ 说不定

话得埋：wa⁶dag⁷maai² 可预料

话咁易：wa⁶gam⁵yi⁶ 很容易

话咁快：wa⁶gam⁵faai⁵ 很快

话事：wa⁶si⁶ 做主，说了算

边个话事？bin¹go⁵wa⁶si⁶（谁做主？）

话落：wa⁶log⁹ 吩咐，交代

冇话落乜嘢。mou⁴wa⁶log⁹mad⁷ye⁴.（没有吩咐什么。）

另外，还要区别"讲话""说话"的用法。"讲话"一般用来传达第三者的意见时使用，相当于普通话的"谁谁谁说……"。例如：

你大佬讲话，佢唔得闲。（你哥哥说他没空。）

nei⁴daai⁶lou³gong³wa⁶, koey⁴m²dag⁷haan².

老窦讲话，要你快啲返屋企。（老爸说要你快点回家。）

lou⁴dau⁶gong³wa⁶, yiu⁵nei⁴faai⁵di¹faan¹ug⁷kei³.
"说话"则相当于普通话的的"话"。例如：
你有乜说话要讲？（你有什么话要讲？）
nei⁴yau⁴mad¹syud⁸wa⁶yiu⁵gong³?
我嘅说话佢唔听。（我的话他不听。）
ngo⁴ge⁵syud⁸wa⁶koey⁴m²teng¹.

三记

起、洗、行、走、坐、瞓、屙，
日常起居组词多。
呃、闹、嘈、话、讲，
说话、讲话冇搞错。

四练

（一）下面是几个常用的特色词

打边炉	da³bin¹lou²	吃火锅
出粮	coed⁷loeng²	发工资
冲凉	cung¹loeng²	洗澡
揸车	za¹ce¹	驾车
影相	ying³soeng³	拍照
热气	yid⁹hei⁵	上火
飞发	fei¹faad⁸	理发
激气	gig⁷hei⁵	恼火
怕丑	pa⁵cau³	害羞

（二）选词填空

讲大话、怕丑、呃、肚饿、帮手、闹、帮衬、执、憎、逼、估、斟、嘈

1. 过嚟____下呢件事啦。
2. 我好____ ____车。
3. 我好____，想食饭。
4. 叫你大佬过嚟铺头____。
5. 伙计，唔该____下张台。
6. 畀人____咗几钱？
7. 佢____住晒，搞到我冇得瞓。
8. 啱啱畀老窦____咗几句。
9. 你____下我今年几岁？
10. 靓女，____下啦，啲生果好靓㗎。

（三）听下面一段对话，并根据内容填空

琴日____。我放工返屋企____，然后____出去____。飞完发好_____ _____，但系惊____，____都冇食到。

【答案】（二）1. 斟 2. 憎、逼 3. 肚饿 4. 帮手 5. 执 6. 呃 7. 嘈 8. 闹 9. 估 10. 帮衬

（三）出粮、冲咗个凉、揸车、飞发、恨、打边炉、热气、卒之

第二课　表示品性的词语

一听

	粤拼	意义
惯	gwaan^5	习惯、经常
肥	fei^2	胖、肥
悭	haan^1	省、节俭
叻	leg^7	聪明、棒
污糟	wu^{1}zou^1	肮脏
水皮	soey^{3}pei^2	差劲
论尽	loen^{6}zoen^6	不利索
鬼马	gwai^{3}ma^4	风趣
孤寒	gu^{1}hon^2	吝啬
肉酸	yug^{9}syun^1	恶心、难看

二讲

（一）惯、肥

"惯"字在广州话有两个意思：习惯、经常。例如：

——嚟咗广州两个月，惯唔惯啊？

　　lai^{2}zo^{3}gwong^{3}zau^{1}loeng^{4}go^{5}yud^6，gwaan^{5}m^{2}gwaan^5?

（来了广州两个月，习惯不习惯？）

——我晏昼得闲惯咗去游水。（我下午有空经常去游泳。）

　　ngo^{4}aan^{5}zau^{5}dag^{7}haan^{2}gwaan^{5}zo^{3}hoey^{5}yau^{2}soey^3.

——你惯唔惯去饮早茶？（你经常去喝早茶吗？）

　　nei^{4}gwaan^{5}m^{2}gwaan^{5}hoey^{5}yam^{3}zou^{3}ca^2?

广州话的"肥"字，既可以表示人肥胖，也可以表示动物的肥肉。例如：

——你钟意食肥肉定瘦肉啊？（你喜欢吃肥肉还是瘦肉？）

nei⁴zung¹yi⁵sig⁹fei²yug⁹ding⁶sau⁵yug⁹?

——王生呢排肥咗好多。（王先生最近胖了好多。）

wong²saang¹ni¹paai²fei²zo³hou³do¹.

（二）悭、叻

这两个字是广州话很有特色的词。前面的内容已经涉及。"悭"意思是节省、节俭。

——我阿妈好叻，好识悭钱㗎。

（我妈妈好能干，很会省钱的。）

ngo⁴a⁵ma¹hou³leg⁷, hou³sig⁷haan¹cin³ga⁶.

"叻"的意思是聪明能干，相当于普通话的"棒"。它可以组成不少词语。例如：

叻女：leg⁷noey³ 能干的女孩

叻仔：leg⁷zai³ 能干的男孩

叻唔切：leg⁷m²cid⁸ 迫不及待表现自己（常带有贬义）

（三）肉酸

"肉"字除了肌肉的意思外，在广州话里面还可以指瓜果的里面的瓤、心，意思进一步扩大，还可以指物体的里面部分。例如：

冬瓜肉：dung¹gwa¹yug⁹（冬瓜心）

花生肉：fa¹saang¹yug⁹（花生米）

"肉"还可以组成其他一些很有特色的词语。例如：

肉酸：yug⁹syun¹（难看）

肉麻：yug⁹ma²

肉紧：yug⁹gan³（紧张，干着急）

肉痛：yug⁹tung⁵（心疼）

三记

你惯我惯佢唔惯，
悭钱话唔定系孤寒，
你肥我肥佢唔肥，
肥仔肥妹太肉酸。

四练

（一）下面是几个常见的形容词，读一读

斜	ce⁵	陡
痕	han²	痒
牙烟	nga²yin¹	危险
阴湿	yam¹sab⁷	阴险
化学	fa⁵hog⁹	不耐用
威水、架势	wai¹soey³、ga⁵sai⁵	有派头
高斗	gou¹dau⁵	傲气
硬颈	ngaang⁶geng³	固执
百厌	baag⁸yim⁵	调皮
闭翳	bai⁵ngai⁵	郁闷
淹尖	yim¹zim¹	挑剔

（二）听录音，看粤拼，写广州话句子

1. hai³gwong²zau¹sig⁹dag⁷gwaan⁵m²gwaan⁵?
   （在广州吃得习惯不习惯？）

2. mai⁴gam⁵ngaang⁶geng³, teng¹ha⁴yan²dei⁶dim³gong³la¹.
   （别那么固执，听下别人怎么说吧。）

3. go³tiu²lou⁶hou³ce⁵, za¹ce¹hou³ngai²him³.
   （那条路好陡，开车很危险。）

4. wong²saang¹hou³gwai³ma⁴, daai⁶ga¹dou¹hou³zung¹yi⁵koey⁴.
   王先生很风趣，大家都很喜欢他。

5. koey⁴yau⁶fei²yau⁶loen⁶zoen⁶, zou⁶ye⁴yau⁶soey³pei².
   （他又胖又不利索，工作又差劲。）

6. a⁵ma¹mai⁴sung⁵hou³leg⁷, hou³sig⁷haan¹cin³.
   （妈妈买菜好聪明，很懂得省钱。）

7. nei⁴gam⁵gu¹hon², ceng³ngo⁴sig⁹faan⁶dou¹m²dag⁷?
   （你那么吝啬，请我吃饭都不行？）

（三）把左右意义相同的选项连接起来

痕　　　　　　难看
阴湿　　　　　有派头
化学　　　　　肮脏
架势　　　　　阴险
高斗　　　　　郁闷
百厌　　　　　不耐用

闭翳　　　痒
淹尖　　　高傲
污糟　　　挑剔
肉酸　　　调皮

【答案】（二）1. 喺广州食得惯唔惯？2. 咪咁硬颈，听下人哋点讲啦。3. 呍条路好斜，揸车好危险。4. 王生好鬼马，大家都好中意佢。5. 佢又肥又论尽，做嘢又水皮。6. 阿妈买餸好叻，好识悭钱。7. 你咁孤寒，请我食饭都唔得？（三）痕—痒、阴湿—阴险、化学—不耐用、架势—有派头、高斗—高傲、百厌—调皮、闭翳—郁闷、淹尖—挑剔、污糟—肮脏、肉酸—难看

小贴士

广州毗邻港澳，因此广州话借入了不少外语词。下面的词语经常用到，初学者并不知道它们来自外语词的译音。例如：

波 bo^1 ——球（英语ball）

飞 fei^1 ——票（英语fare）

蛋挞 $daan^6 taad^7$ ——（英语egg tart）

咪 mai^1 ——麦克风（英语microphone）

唛头 $mag^7 tau^2$ ——商标（英语mark）

唱 $coeng^5$ ——兑换（英语change）

呔 $taai^1$ ——领带（英语tie）

朱古力 $zyu^1 gu^1 lig^7$ ——巧克力（英语chocolate）

啫喱 $ze^1 lei^3$ ——果冻（英语啫喱jelly）

泊车 $paag^8 ce^1$ ——停车（英语park）

波士 $bo^1 si^3$ ——老板（英语boss）

学会认读粤语拼音,记住一定数量的广州话字词,就好比有了建房的材料。但要学会广州话,仅背单字单词还不够,还应掌握一些句型。

第一课 广州话的比较句

比较句就是甲乙之间相互比较的说法。甲乙进行比较,有同级、比较级和最高级三种结果。例如,"甲和乙一样高"这是同级。"甲比乙高"这是比较级。"甲是甲乙丙三个中最高的"这是最高级。广州话表达比较意义,与普通话的句子顺序和用词有所不同。

扫一扫，听录音

句型	广州话	普通话
（甲）同（埋）（乙）一样……	我同埋你一样高。	我和你一样高。
（甲）……过（乙）	我高过你。	我比你高。
仲……（啲添）	佢仲靓（啲添）。	她更漂亮。
冇……咁……	今日冇琴日咁冻。	今天没昨天冷。
至/最……	至/最新净吓个。	最新的那个。

（一）比较级："过、仲……啲添、冇……咁……"

1. 普通话表达比较意义通常有一个"比"字。如，我比他高、这个比那个好，等等。"高、大"这类形容词，放在句子后面。广州话表比较意义，通常用"过"字，形容词是放在"过"的前面。例如：

——我大过你少少。（我比你大一点点。）
ngo^4 daai^6 gwo^5 nei^4 siu^3 siu^3.

——你啲粤语讲得正过我。（你的粤语说得比我好。）
nei^4 di^1 yud^9 yu^4 gong^3 dag^7 zeng^5 gwo^5 ngo^4.

——佢讲大话叻过你多多声！（他说谎比你厉害多了！）
koey^4 gong^3 daai^6 wa^6 leg^7 gwo^5 nei^4 do^1 do^1 seng^1!

2. 前面已学过"仲"在广州话里是"还、更"的意思，与"啲添"连用，也表示比较。例如：

——呢件衫仲肉酸啲添。（这件衣服更难看。）
ni^1 gin^6 saam^1 zung^6 yug^9 syun^1 di^1 tim^1.

——呢个细路仔仲百厌啲添。（这个小男孩更顽皮。）

　　　　ni^{1}go^{5}sai^{5}lou^{6}zai^{3}zung^{6}baag^{8}yim^{5}di^{1}tim^1.

——食咗个蛋挞仲饱啲添。（吃了蛋挞更饱了。）

　　　　sig^{9}zo^{3}go^{5}daan^{6}taad^{7}zung^{6}baau^{3}di^{1}tim^1.

广州话"冇……咁……"相当于普通话"没……那么……""不如"。例如：

——我先冇你咁淹尖。（我才没你这么挑剔。）

　　　　ngo^{4}sin^{1}mou^{4}nei^{4}gam^{5}yim^{1}zim^1.

——今日冇琴日咁翳焗啦。（今天没昨天那么闷热了。）

　　　　gam^{1}yad^{9}mou^{4}kam^{2}yad^{9}gam^{5}ngai^{5}gug^{9}la^5.

——我个女冇咁怕丑啦。（我女儿没那么害羞了。）

　　　　ngo^{4}go^{5}noey^{3}mou^{4}gam^{5}pa^{5}cau^{3}la^5.

（二）相同级："同埋……一样……"

前面已经学过，广州话的"同（埋）"就是"跟、和、同"的意思，因此"甲同埋乙一样……"就是普通话"甲和乙一样……"的意思，表示相同级别。例如：

——你同埋王太一样咁识悭钱。（你和王太太一样那么会省钱。）

　　　　nei^{4}tung^{2}maai^{2}wong^{2}taai^{3}yad^{7}yoeng^{6}gam^{5}sig^{7}haan^{1}cin^3.

——你着裙同着裤一样咁好睇。（你穿裙子跟裤子都一样好看。）

　　　　nei^{4}zoeg^{8}kwan^{2}tung^{2}zoeg^{8}fu^{5}yad^{7}yoeng^{6}gam^{5}hou^{3}tai^3.

——你同佢一样咁叻。（你和他一样棒。）

　　　　nei^{4}tung^{2}koey^{4}yad^{7}yoeng^{6}gam^{5}leg^7.

（三）最高级："至……，最……"

"至、最"在前面已学习过，粤语中它们和普通话的"最"一样，用来表达"最高级"。

——我至憎返工逼巴士。（我最讨厌上班挤公车。）

ngo⁴zi⁵zang¹faan¹gung¹big⁷ba¹si³.

——佢最中意食鸡肶嘅。（他最喜欢吃鸡腿的。）

koey⁴zoey⁵zung¹yi⁵sig⁹gai¹bei³ge⁵.

——你哋三个人入边，陈生做得至好。（你们三个人里面，陈先生做得最好。）nei⁴dei⁶saam¹go⁵yan²yab⁹bin¹, can²saang¹zou⁶dag⁷zi⁵hou³.

三记

比较表达有三级：

"同埋……一样"相同级，

"过""仲"表示比较级，

"至、最"就是最高级。

四练

（一）读粤拼，根据提示组词成句

1. ngo⁴lai²dag⁷zou³gwo⁵nei⁴di¹gam⁵do¹.
   啲咁多 早 来得 过 你 我（我来得比你早一点点。）
   _____。

2. da³dig⁷faai⁵coey⁵gwo⁵nei⁴co⁴ba¹si³.
   坐 快脆 打的 过 你 巴士（坐出租车比你坐公车要快。）
   _____。

3. nei⁴zoeg⁸laam²sig⁷zung⁶hou³tai³la¹.
   蓝色 好睇 着 你 仲 啦（你穿蓝色更好看啦！）
   _____！

4. teng¹yun²nei⁴gong³zung⁶geng¹di¹tim¹!
   听完 你 仲 讲 惊 啲添（听完你讲更害怕了！）
   _____！

5. koey⁴mou⁴gam⁵gaang⁶geng³la⁵.
   冇 佢 硬颈 咁 啦（他没那么固执了。）
   _____。

6. bou⁶ce¹mou⁴yi⁴cin²gam⁵hou³za¹la⁵.
   啦 冇 以前 部车 好 揸 咁（那辆车没以前那么好开了。）
   _____。

7. ngo⁴tung²maai²nei⁴yad⁷yoeng⁶gou¹.
   同埋 你 高 一样 我（我跟你一样高。）
   _____。

8. gai¹yig⁹tung²gai¹bei³ngo⁴yad⁷yoeng⁶gam⁵zung¹yi⁵sig⁹.
   我 同 鸡翼 鸡脾 一样 食 咁中意（鸡翅与鸡腿我都喜欢吃。）
   _____。

9. gam¹yad⁹lai²dag⁷zi⁵zou³hai⁶nei⁴la⁵.
   嚟得 今日 至 系 早 啦 你（今天来得最早是你了。）
   _____。

10. ni¹go⁵gaai¹si⁴di¹ye⁴maai⁶dag⁷zoey⁵gwai⁵ge⁵.
    街市 啲嘢 最 呢个 卖得 贵 嘅（这个市场的东西卖得最贵。）
    _____。

（二）看拼音，填词语，把句子译成普通话

1. fei²lou³go⁵tou⁴naam⁴daai⁶gwo⁵yi⁴cin².
   肥佬个肚腩大____以前。
   _____。

2. baag⁹sig⁷go³gin⁶daai⁶lau¹zung⁶yug⁹syun¹di¹tim¹.
   白色吖件大褛____肉酸____。
   _____。

3. gam¹yad⁹faan¹syu²tung²syu²zai³yad⁷yoeng⁶gam⁵gwai⁵.
   今日蕃薯__薯仔____咁贵。
   _____。

4. koey⁴sin¹mou⁴nei⁴gam⁵loen⁶zoen⁶.
   佢先____你____论尽。
   _____。

5. ngo⁴dei⁶ug⁷kei³zi⁵fei²hai⁶ngo⁴la⁵.
   我哋屋企____肥系我啦。
   _____。

【答案】（一）1. 我来得早过你哟咁多。2. 打的快脆过你坐巴士。3. 你着蓝色仲好睇啦！4. 听完你讲仲惊哟添。5. 佢冇咁硬颈啦。6. 部车冇以前咁好揸啦。7. 我同埋你一样高。8. 鸡翼同鸡肶我一样咁中意食。9. 今日嚟得至早系你啦。10. 呢个街市啲野卖得最贵嘅。（二）1. 过（胖子的肚子比以前大。）2. 仲……啲添（白色那件大衣更难看一些。）3. 同（埋）……一样（今天红薯跟土豆一样贵。）4. 冇……咁（他才没你那么不利索。）5. 至（我们家最胖是我了。）

每日学话

老猫烧须 lou^{4}maau^{1}siu^{1}sou^1（精于此道的却失手）

睇餸食饭 tai^{3}sung^{5}sig^{9}faan^6（因应情况而做事）

好心着雷劈 hou^{3}sam^{1}zoeg^{9}loey^{2}peg^8（不领情）

偷鸡唔到蚀揸米 tau^{1}gai^{1}m^{2}dou^{2}sid^{9}za^{1}mai^4
（占不到便宜还吃了亏）

崩口人忌崩口碗 bang^{1}hau^{3}yan^{2}gei^{6}bang^{1}hau^{3}wun^3
（有顾忌的人遇到顾忌之事）

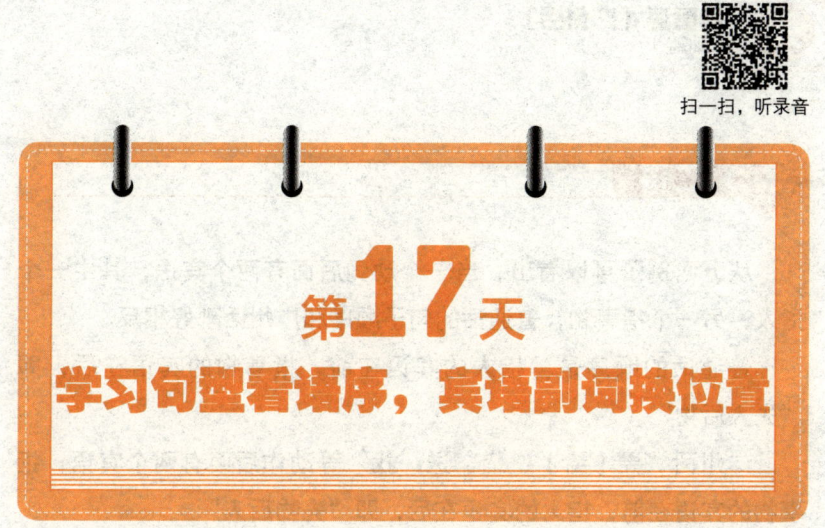

扫一扫，听录音

第17天
学习句型看语序，宾语副词换位置

广州话的有些表达，与普通话的句子顺序差别较大，学习广州话要特别留意这类句子的语序，记住句型，举一反三。

第一课　双宾语句子顺序

听下面的短句，留意词语顺序与普通话的差别。

广州话	粤拼	普通话
畀钱（过）你	bei³cin³（gwo⁵）nei⁴	给你钱
借本书（过）我	ze⁵bun³syu¹（gwo⁵）ngo⁴	借我一本书
送件衫（过）你	sung⁵gin⁶saam¹（gwo⁵）nei⁴	送你一件衣服
找翻十蚊过你	zaau³faan¹sab⁹man¹gwo⁵nei¹	找你十元
我想问声佢	ngo⁴soeng³man⁶seng¹koey⁴	我想问他一声

二讲

从上面例子可以看出,当一个动词后面有两个宾语,其中一个指人,另一个指事物,普通话的句子顺序和广州话刚好相反。

普通话的顺序是:指人的宾语在前,指事物的宾语在后,即"先人后物"。

广州话"畀(给)、借、送、找"等动作后面有两个宾语,指事物的宾语在前,指人的宾语在后,即"先物后人"。

三记

"畀(给)、借、送、找、问"两宾语,

"畀钱我"给我钱,

"送本书畀我"送我一本书,

先物后人要记住。

四练

(一)读粤拼,把句子译成广州话

1. $m^2goi^1bei^3do^1go^5gaau^3doi^3gwo^5ngo^4.$ (麻烦多给我一个塑料袋。)

   _____

2. $can^2saang^1wa^6sung^5loeng^4zoeng^1bo^1fei^1gwo^5ngo^4dei^6.$
   (陈先生说送我们两张球票。)

   _____

3. $nei^4ze^2zo^3gei^3do^1cin^3gwo^5koey^4?$ (你借给他多少钱了?)

   _____

4. nei⁴zaau³do¹zo³m⁴man¹gwo⁵ngo⁴.（你给我多找了五元。）
   _____

5. maai⁴zo³gei³gin⁶san¹saam¹gwo⁵nei⁴.（给你买了几件新衣服。）
   _____

（二）把句子翻译成普通话

1. nei⁴dei⁶lou⁴sai⁵mou⁴coed⁷loeng²gwo⁵nei⁴me¹?
   你哋老细冇出粮过你咩？_____

2. ze⁵zyu⁶yad⁷baag⁸man¹gwo⁵ngo⁴sin¹.
   借住一百蚊过我先。_____

3. ngo⁴ting¹yad⁹waan²faan¹bou⁶ce¹gwo⁵nei⁴.
   我听日还翻部车过你。_____

【答案】（一）1. 唔该畀多个胶袋过我。2. 陈生话送两张波飞过我哋。3. 你借咗几多钱过佢？4. 你找多咗五蚊过我。5. 买咗几件新衫过你。（二）1. 你们老板没给你发工资吗？2. 先借给我一百元。3. 我明天还你车。

第二课　"多、少、先"的位置

听下面短句，注意广州话和普通话的用字顺序。

广州话	粤拼	普通话
买多几斤	maai⁴do¹gei³gan¹	多买几斤

(续表)

广州话	粤拼	普通话
等多我一阵	dang³do¹ngo⁴yad⁷zan⁶	多等我一会儿
食少支烟	sig⁹siu³zi¹yin¹	少抽根烟
讲少几句	gong³siu³gei³goey⁵	少说几句
你行先	nei⁴haang²sin¹	你先走
等我谂下先	dang³ngo⁴nam³ha⁴sin¹	先让我想一下

二讲

"多、少、先"三个字，与动词配合使用的时候，广州话的顺序和普通话的顺序刚好相反。这是外地人最容易感觉到的广州话的一个明显特色。初学者只要记住一点：将这三个字放在动词后面，保准没错。例如：

畀少一蚊 bei³siu³yad⁷man¹（少给一元）

讲多几句 gong³do¹gei³goey⁵（多说几句）

揾多几个 wan³do¹gei³go⁵（多找几个）

攞少几只 lo³siu³gei³zeg⁸（少拿几只）

悭多啲钱 haan¹do¹di¹cin³（多省点钱）

你瞓先 nei⁴fan⁵sin¹（你先睡）

我去先 ngo⁴hoey⁵sin¹（我先去）

三记

"多、少、先"很重要，

句子位置要记牢；

"畀多一蚊、畀少一蚊，唔紧要"，
紧要的是"你行先"。

🔊 四练

（一）读粤拼，组词成句

1. dung⁵a⁵, zeg⁸do¹gin⁶saam¹la⁵.
   冻啊 多 件衫 着 啦 （冷啊，多穿一件衣服吧。）
   _____。

2. dang³ngo⁴yam³do¹gei³daam⁶si⁵ha⁴sin¹.
   几啖 试下 等我 先 饮 多 （先让我多喝几口试试。）
   _____。

3. ngo⁴bei³zyu⁶yad⁷bun⁵cin³nei⁴sin¹.
   我 先 一半 畀住 你钱 （我先给你一半钱。）
   _____。

（二）读粤拼，把句子译成广州话

1. m²hou³gam⁵bai⁵ngai⁵sin¹, sad⁹yau⁴gai³ge⁵.
   先别那么郁闷，一定有办法的。
   _____。

2. m²goi¹zam¹do¹bui¹ca²gwo⁵ngo⁴.
   麻烦给我多倒杯茶。
   _____。

3. coed⁷siu³goey⁵seng¹dong⁵bong¹sau³la¹.
   少说句话当帮忙吧。
   _____。

【答案】(一) 1. 冻啊,着多件衫啦。2. 等我饮多几啖试下先。3. 我畀住一半钱你先。(二) 1. 唔好咁闭翳先,实有计嘅。2. 唔该斟多杯茶过我。3. 出少句声当帮手啦。

第三课 量词和名词直接组合

一听

听下面几个短句,注意广州话与普通话语序的差别。

广州话	粤拼	普通话
边间房系你嘅?	$bin^1gaan^1fong^3hai^6nei^4ge^5$?	哪个房间是你的?
件冷衫边个㗎?	$gin^6laang^1saam^1bin^1go^5ga^5$?	这件毛衣是谁的?
我把遮呢?	$ngo^4ba^3ze^1ne^1$?	我那把雨伞呢?
支雪条几钱?	$zi^1syud^8tiu^3gei^3cin^3$?	这冰棍多少钱?

我们知道,普通话说到具体"这个人、那个人、一个人、一朵花"时候,是不能把前面的"这、那、一"省略。但在广州话中,经常会丢掉前面的"这、那、一",直接说把量词和名词结合,说成"个人、朵花"。这也是广州话的一个特色。例如:

本书系我嘅。$bun^3syu^1hai^6ngo^4ge^5$.(这本书是我的。)

件衫几靓。$gin^6saam^1gei^3leng^5$.(这件衣服很漂亮。)

条锁匙唔系我嘅。$tiu^2so^3si^2m^2hai^6ngo^4ge^5$.(这条钥匙不是我的。)

唔该同我攞支笔。m²goi¹tung²ngo⁴lo³zi¹bad⁷.（劳驾给我拿支笔。）

另外，"啲"也可以直接和名词结合。例如：

——啲衫湿咗。di¹saam¹sab⁷zo³.（这些衣服湿了。）

——啲餸好好食。di¹sung⁵hou³hou³sig⁹.（这些菜很好吃。）

"啲衫""啲餸"相当于"那些衣服""这些菜肴"。

三记

"件衫、把遮、支笔"，

"啲衫、啲餸、啲锁匙"，

量词直接加名词，

省略"这、那"更简洁。

四练

（一）读粤拼，组词成句

1. koey⁴fan⁶yan²hai⁶gam⁵gu¹hon²ga⁵la⁵.
   孤寒 份人 佢 咁 系 㗎啦（他这人是那么吝啬的了。）
   _____。

2. tiu²yau²za⁵gwai³gei³hou³sig⁹bo⁵.
   几 条油炸鬼 好 食 嚟（这根油条挺好吃的。）
   _____。

3. nei⁴zab⁷zo³go⁵zoen¹hoey⁵bin¹a⁵?
   去 咗 你 执 个 樽 边 啊（你把那瓶子放到哪里了？）
   _____？

（二）把句子翻译成广州话

1. tiu² geng³ fan⁵ seng³ yau⁴ di¹ tung⁵.
   脖子睡醒了有点疼。
   _____

2. bin¹ go⁵ lo³ zo³ ngo⁴ haab⁹ faan⁶?
   谁拿了我的（那盒）饭？
   _____

3. zoeng¹ toi² tung² zoeng¹ dang⁵ gei¹ leng⁵ wo⁵, hai³ bin¹ dou⁶ maai⁴ ga⁵?
   桌子和椅子挺漂亮的，在哪里买的？
   _____

【答案】（一）1. 佢份人系咁孤寒㗎啦。2. 条油炸鬼几好食嘛。3. 你执咗个樽去边啊？（二）1. 条颈瞓醒有啲痛。2. 边个㧬咗我盒饭？3. 张台同张凳几靓㗎，喺边度买㗎？

三 每日学话

十画都未有一撇 sab⁹ waag⁹ dou¹ mei⁶ yau⁴ yad⁷ pid⁸
（八字都没有一撇）

数还数，路还路 sou⁵ waan² sou⁵, lou⁶ waan² lou⁶
（数目要分明）

各花入各眼 gog⁸ fa¹ yab⁹ gog⁸ gaan⁴
（萝卜青菜，各有所爱）

小心驶得万年船 siu³ sam¹ sai³ dag⁷ maan⁶ nin² syun²
（事事小心可保长久平安）

生人唔生胆 saang¹ yan² m² saang¹ daam³ （胆小怕事）

第一课 疑问词"几、边、点、乜"

1. 边听边跟读,想想它们的意思和用法。

单字	疑问词	普通话
几	几多、几钱、几点、几时	多少、多少钱、几点、什么时候
边	边度、边样、边位、边个	哪里、哪样、哪位、哪个
乜	乜嘢、乜事、食乜、睇乜	什么、什么事、吃什么、看什么
点	点解、点样、点算、点好、点睇	为什么、怎么样、怎么办、怎么办、怎么看
唔通		难道

2. 下面是表示选择的疑问句。

广州话	普通话
去唔去佢屋企?	去不去他家?
去佢屋企唔去?	

（续表）

广州话	普通话
有冇事？	有没有事？
有事冇？	
食咗饭未？	吃过饭没？
真嘅定（系）假嘅？	真的还是假的？

二讲

（一）肯定词和否定词并用的疑问句

普通话表达"去不去、坐不坐、来不来、知道不知道（知不知道）、走没走"这类意思，一般来说，如果动词后面有宾语，宾语只能放在最后，不能插在中间。例如，只能说"去不去他家"，不能说"去他家不去"。

但是，广州话则两种说法都可以。例如：

——你见唔见陈太？（你看没看见陈太太？）

　　$nei^4 gin^5 m^2 gin^5 can^2 taai^3$?

——你知我来唔知？（你知不知道我来？）

　　$nei^4 zi^1 ngo^4 lai^2 m^2 zi^1$?

（二）有冇

"有冇"用在疑问句中，相当于普通话的"有没有"。肯定回答用"有"，否定回答用"冇"。

——呢包嘢有冇五斤重？（这包东西有没有五斤重？）

　　$ni^1 baau^1 ye^4 yau^4 mou^4 m^4 gan^1 cung^4$?

——有。/冇。（有。/没有。）

　　yau^4./mou^4.

——你有冇听我讲嘢㗎?(你有没有听我说话的?)

　　nei⁴ yau⁴ mou⁴ teng¹ ngo⁴ gong³ ye⁴ ga⁵?

——我有听啊。/我冇听㖞。(我有听啊。/我没听啊。)

　　ngo⁴ yau⁴ teng¹ a⁵./ngo⁴ mou⁴ teng¹ wo⁵.

(三)未

广州话"……未"字用在句子的末尾,一般都是表示疑问,相当于普通话的"……没(有)?"。肯定回答用"……(咗)",否定回答用"未……"。

——你哋食咗饭未?(你们吃了饭了没?)

　　nei⁴ dei⁶ sig⁹ zo³ faan⁶ mei⁶?

——食咗。/未食。(吃了。/没吃。)

　　sig⁹ zo³./mei⁶ sig⁹.

——够钟啦,人到晒未?(时间到了,人到齐了没?)

　　gau⁵ zung¹ la⁵, yan² dou⁵ saai⁵ mei⁶?

——到晒啦。/未啊。

　　dou⁵ saai⁵ la⁵./mei⁶ a⁵.

(四)定(系)

"定(系)"这个词如果用在问句里,表示选择,意思相当于普通话的"还是"。选择其中一项回答。例如:

——你系细佬定系大佬?(你是弟弟还是哥哥?)

　　nei⁴ hai⁶ sai⁵ lou³ ding⁶ hai⁶ daai⁶ lou³?

——呢间铺头喺陈生定王生嘅?

(这店铺是陈先生的还是王先生的?)

　　ni¹ gaan¹ pou⁵ tau³ hai⁶ can² saang¹ ding⁶ wong² saang¹ ge⁵?

三记

质疑发问少不了,
"乜、边、几、点"要记牢;
知我唔知、知唔知我,
两种说法都不错。

四练

(一) 选词填空, 每词只用一次; 再把句子译成普通话

选项:几点、点样、边位、乜嘢、点解、唔通、乜事、边度、几钱、边个

1. 唔该, 粟米＿＿一斤?
2. 你谂住揸车去＿＿?
3. ＿＿你唔去嘅?
4. 你间铺头卖＿＿㗎?
5. ＿＿你中意咗佢?
6. 你听日＿＿去买餸?
7. 你知唔知＿＿去车站?
8. 你好, 揾＿＿?
9. 你话蓝色同红色, ＿＿好睇啲?
10. 你揾佢＿＿?

(二) 读粤拼, 组词成句, 并回答问句

1. maai^{4}m^{2}maai^{4}dou^{3}gau^{3}dim^{5}ge^{5}fei^1?
   飞 买唔买 九点 嘅 到 (买没买到九点的票?)
   ＿＿＿＿＿＿＿＿＿＿＿? ＿＿＿＿/＿＿＿＿

2. nei^{4}dei^{6}yau^{4}mou^{4}sig^{9}gwo^{5}yud^{9}coi^5?

食过 有冇 粤菜 你哋（你们有没有吃过粤菜？）

_____? _____ /

3. nei⁴aan⁵zau⁵nam³zyu⁶sig⁹min⁶ding⁶hai⁶sig⁹fan³?
   食面 定系 晏昼 谂住 你 食粉（你下午打算吃面条还是吃粉条？）

_____? _____ /

4. koey⁴yau⁴mou⁴dag⁹dang¹gong³do¹gei³goey⁵?
   特登 几句 佢 多 讲 有冇（他有没有特意多说几句？）

_____? _____ /

5. nei⁴m²gin⁵zo³go³di¹cin³wan³faan¹mei⁶?
   未 唔见咗 你 吖啲钱 揾翻（你不见了的那些钱找回来没？）

_____? _____ /

（三）读粤拼，把句子译成广州话

1. haang²zo³gam⁵noi⁶, gui⁶m²gui⁶?
   走了那么久，累不累？

_____?

2. nei⁴waan²saai³cin³bei³koey⁴mei⁶?
   你把钱都还他了没？

_____?

3. nei⁴ting¹yad⁹za¹ce¹ding⁶si²co⁴ba¹si³faan¹gung¹?
   你明天开车还是坐公车上班？

_____?

4. a⁵ming²zung⁶yau⁴mou⁴yi⁴cin²gam⁵nga²caad⁸?
   阿明还有没有以前那么自负？

_____?

【答案】（一）1. 几钱；打扰了，玉米多少钱一斤？2. 边度；你打算开车去哪里？3. 点解；为什么你不去？4. 乜嘢；你的店子卖什么的？5. 唔通；难道你喜欢上他了？6. 几点；你明天什么时候去买菜？7. 点样；你知不知道怎样去车站？8. 边位；你好，找哪位？9. 边个；你说蓝色跟红色，哪个好看些？10. 乜事；你找他什么事？

（二）1. 买唔买到九点嘅飞？买到。/买唔到。2. 你哋有冇食过粤菜？有。/冇 3. 你晏昼谂住食面定系食粉？食面。/食粉。4. 佢有冇特登讲多几句？有。/冇。5. 你唔见咗啲嘅钱揾翻未？揾翻啦。/未啊。

（三）1. 行咗咁耐，劫唔劫？2. 你还晒钱畀佢未？3. 你听日揸车定系坐巴士返工？4. 阿明仲有冇以前咁牙擦？

每日学话

打斧头 da³fu³tau³（做某事而从中得利）
摆乌龙 bai³wu¹lung³（把事情搞混）
车大炮 ce¹daai⁶paau⁵（说谎）
大头虾 daai⁶tau²ha¹（做事粗心的人）
执死鸡 zab⁷sei³gai¹（获得意想不到的利益）
炒鱿鱼 caau³yau²yu³（卷铺盖卷儿）
整色整水 zing³sig⁷zing³soey³（装模作样）
话头醒尾 wa⁶tau²sing³mei⁴（一讲就会）

第19天 被动句把字句,粤语句型较特殊

第一课 被字句型和把字句

普通话的"杯子被打破了""他给人骗了"这类句子称为被动句,另一类句子如"他把杯子打破了""把门踢开了"称为把字句或处置句。这两类句型在广州话中的表达方式与普通话有所不同。

一听

粤拼	意义	广州话例子	普通话
bei³	被	畀人呃咗	被人骗了
		畀你估中咗	给你猜中了
zoeng¹	将	掕本书过去	把书拿过去
		将本书掕过去	把书拿过去

二讲

（一）广州话用"畀"表示"被"

"畀"是广州话的特色字，很常用，除了表示动作"给"之外，还用在被动句里。例如：

——畀老细闹咗几句。（被老板骂了几句）

bei³lou⁴sai⁵naau⁶zo³gei³goey⁵.

——真系畀你激死！（真的让你给气死了。）

zan¹hai⁶bei³nei⁴gig⁷sei³！

（二）"将"字句和它的省略式

普通话的"把"字句，广州话有时用"将"字句表达。例如：

——等我将把遮撑开先。（先让我把雨伞打开。）

dang³ngo⁴zoeng¹ba³ze¹caang¹hoi¹sin¹.

——将度门关实。（把这扇门关好。）

zoeng¹dou⁶mung²gwaan¹sad⁹.

但是，上面的"将"字句用得不多。平时多省掉"将"字，省略"将"字以后，句子的词语顺序要变化。例如，上面两句去掉"将"字后，要说成：

——等我撑开把遮先。（先让我把雨伞打开。）

dang³ngo⁴caang¹hoi¹ba³ze¹sin¹.

——关实度门。gwaan¹sad⁹dou⁶mun².（把门关好。）

也就是说，用了"将"字，宾语要放在"将"字后面；去掉"将"字，宾语要放在动词后面。

三记

"将"表处置、"畀"被动；
句型近似字不同。
"畀你呃",给你骗；
"将度门关实",把门关紧。

四练

（一）读粤拼，组词成句

1. di¹saam¹bei³yu⁴lam²sab⁷saai⁵.
   晒 畀 啲衫 淋湿 雨（衣服全被雨淋湿了！）
   _____!

2. m²goi¹nei⁴zab⁷ha⁴zoeng¹toi³la¹.
   张台 唔该 执下 好心 你 啦（拜托你把桌子收拾一下吧。）
   _____。

3. bun¹go⁵syud⁸gwai⁶hoey⁵gog⁸log⁷tau³dou⁶.
   个 雪柜 搬 去 角落头 度（把冰箱搬到角落里。）
   _____。

4. ngo⁴ngaam¹ngaam¹bei³yan²da³zo³ho²baau¹.
   打咗 畀人 我 啱啱 荷包（我刚被人偷了钱包。）
   _____。

（二）把句子译成广州话

1. 麻烦帮忙把这张100元找开。
   _____

2. 把脏衣服脱了吧。

　　_____

3. 被隔壁的小孩吵着。

　　_____

4. 我昨天被人说我傲气。

　　_____

【答案】（一）1. 啲衫畀雨淋湿晒。2. 唔该你执下张台啦。3. 搬个雪柜去角落头度。4. 我啱啱畀人打咗荷包。（二）1. 唔该唱开呢张100蚊。/唔该将张呢张100蚊唱开。2. 除咗件污糟衫啦。/将件污糟衫除落嚟。3. 畀隔离个细路仔嘈住晒。4. 我琴日畀人话我高斗。

第二课　其他特殊句型

一听

广州话	粤拼	普通话
（行）下（行）下	……ha^4……ha^4	走着走着
有得（倾）	yau^{4}dag^7……	可以（商量）
（出去行下）好过啦	……hou^{3}gwo^{5}la^1	出去走走更好啦
好似（好好食）噉	hou^{3}ci^4……gam^3	好像很好吃（似的）
（靓）极都有限	……gig^{9}dou^{1}yau^{4}haan^6	不可能很（漂亮）
（食）极都唔（肥）	……gig^{9}dou^{1}m^2	怎么（吃）都不（胖）

（一）A下A下

"A下A下"一般表示动作的持续，基本上相当于普通话的"A着A着"，很多时候可以简化为"AA下"，如：

——倾下倾下就嘈起上嚟。（聊着聊着就吵起来了。）
　　king¹ha⁴king¹ha⁴zau⁶cou²hei³soeng⁴lai².

——我哋行行下就到啦。（我们走着走着就到了。）
　　ngo⁴dei⁶haang²haang²ha⁴zau⁶dou⁵la⁵.

（二）有得

"有得……、有冇得……、冇得……"是粤语中较为常用而又有特色的一种句式。这种句式所表达的意义往往要根据句意去判断，如：

——做晒嘢先有得出去。（把东西全做完了才可以出去。）
　　zou⁶saai⁵ye⁴sin¹yau⁴dag⁷coed⁷hoey⁵.

——呢件衫有冇得平？（这件衣服可以便宜些吗？）
　　ni¹gin⁶saam¹yau⁴mou⁴dag⁷peng²?

——冇得倾！（没得商量！）
　　mou⁴dag⁷king¹!

（三）……好过啦

"……好过啦"是一种特殊的比较句式，一般用于表达自己的看法，大致相当于普通话的"……更好"，如：

——出去打边炉好过啦。（出去吃火锅更好啦。）
　　coed⁷hoey⁵da³bin¹lou²hou³gwo⁵la¹.

——早知听你讲好过啦。（早知道听你的话好了。）

zou³zi¹teng¹nei⁴gong³hou³gwo⁵la¹.

(四)好似……噉

"好似……噉"相当于普通话的"好像……(似的)",如:

——我睇你好似好闭翳噉。(我看你好像挺郁闷的。)

ngo⁴tai³nei⁴hou³ci⁴hou³bai⁵ngai⁵gam³.

——呢件衫着落好似好肉酸噉。(这衣服穿着好像好难看。)

ni¹gin⁶saam¹zoeg⁸log⁹hou³ci⁴hou³yug⁹syu¹gam³.

(五)……极都有限

"……极都有限"一般用于表达自己的看法,表示某件事情"不可能怎么怎么样",如:

——贵极都有限。(不可能怎么贵。)

gwai⁵gig⁹dou¹yau⁴haan⁶.

——佢咁阴湿,好极都有限啦。(他如此阴险,不可能是好人啦。)

koey⁴gam⁵yam¹sab⁷, hou³gig⁹dou¹yau⁴haan⁶la¹.

(六)……极都唔……

"……极都唔……"通常用来表达某个动作经长时间的处理都达不到某种效果,相当于普通话的"无论怎么……都不……"如:

——话极都唔听。(怎么说都不听)

wa⁶gig⁹dou¹m²teng¹.

——估极都估唔啱。(怎么猜都猜不对。)

gu³gig⁹dou¹gu³m²ngaam¹.

三练

运用这节课所学的句型,把下面的句子译成广州话。

1. 出去晒晒太阳更好啦。
   _____

2. 边走边说,好像很快就到似的。
   _____

3. 多等五分钟才有得吃。
   _____

4. 我昨天怎么找都找不到陈太太的店。
   _____

5. 你这么笨,不可能怎么聪明的!
   _____

6. 我刚才想着想着就睡着了。
   _____

7. 你买这么多东西,不可能节俭的。
   _____

8. 唉!我怎么说他都不会做。
   _____

9. 这么饿,早知道多吃一碗面条好了。
   _____

10. 她穿那件蓝色的衣服好像挺好看的。
    _____

【答案】1. 出去晒下热头好过啦。2. 一路行一路讲,好似好快脆就到噉。3. 等多一个字先有得食。4. 我琴日揾极都揾唔到陈太间铺头。5. 你咁蠢，叻极都有限啦。6. 我啱啱谂下谂下就瞓着咗啦。7. 你买咁多嘢，悭极都有限啦。8. 唉！我讲极佢都唔识做。9. 咁肚饿，早知食多碗面好过啦。10. 佢着吖件蓝色衫好似几好睇噉。

三、歇后语

电灯胆——唔通气。（不知趣。）
din⁶dang¹daam³——m²tung¹hei⁵.
牛皮灯笼——点极都唔明。（怎么教都不会。）
ngau²pei²dang¹lung²——dim³gig⁹dou¹m²ming².
隔夜油炸鬼——冇火气。（没气势）
gaag⁸ye⁶yau²za⁵gwai³——mou⁴fo³hei⁵.
黄皮树了哥——唔熟唔食。（专门占朋友的便宜）
wong²pei³syu⁶liu²go¹——m²sug⁹m²sig⁹.
老公泼扇——凄（妻）凉（凄凉）
lou⁴gung¹pud⁸sin⁵——cai¹loeng².
老婆担遮——阴（公）功（造孽）
lou⁴po²daam¹ze¹——yam¹gung¹.

注：电灯胆——灯泡　　　　了哥——八哥
　　隔夜——过了一夜　　　担遮——打伞

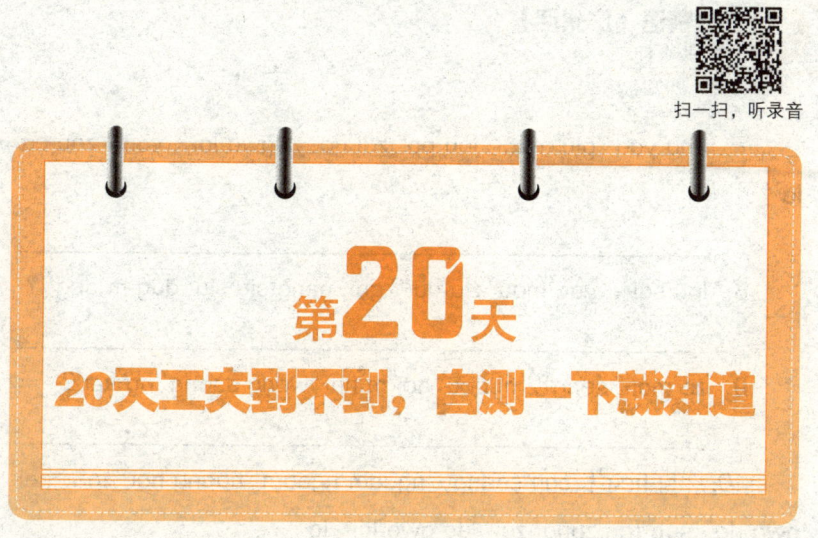

第20天
20天工夫到不到，自测一下就知道

一、听录音，看粤拼，写句子。

1. ngo⁴dei⁶ gei³go⁵ nam³zyu⁶ ting¹yad⁹ sin¹ hoey⁵ tai³lau³.

   _____

2. nei⁴ maai⁴ge⁵ ni¹gin⁶saam¹ zung⁶ peng²gwo⁵ ngo⁴ go³gin⁶.

   _____

3. zan⁶gaan¹ loeng⁴dim³ ya⁶fan¹ hai³ nei⁴ ug⁷kei³ lau²ha⁶ dang³. dou⁵si² ngo⁴ hoeng³ nei⁴ din⁶wa³ zau⁶ log⁹lai² la¹.

   _____

4. ngo⁴ gam¹yad⁹ ziu¹zou³ sig⁹zo³ wun³ pei²daan³ zug⁷ sin¹ hoey⁵ faan¹gung¹ ge⁵.

   _____

5. leng⁵zai³, m²goi¹! ngo⁴soeng³ man⁶ha⁴ soeng⁶ha⁶ gau³dim³haang².

   _____

6. nei⁴ zi¹m²zi¹ ni¹dou⁵ fu⁶gan⁶ yau⁴mou⁴ dei⁶tid⁸zaam⁶?

   _____

7. ting¹yad⁹ giu⁵maai² lou⁴po² zai³noey³ gwo⁵lai² yam³ zou²ca² la¹!

_____

8. lou⁴sai⁵, yau⁴mou⁴ zid⁸da³? gai⁵ peng²siu³siu³ dag⁷m²dag⁷ ?

_____

9. ze⁵man⁶ seng¹, ni¹dou⁶ hai⁶m²hai⁶ wong²saang¹ ug⁷kei³?

_____

10. nei⁴hou³! can²saang¹ ngaam¹ngaam¹ haang³hoi¹ zo³. nei⁴ gwo⁵do¹ sab⁹fan¹zung¹ zoi⁵ da³gwo⁵lai² la¹.

_____

11. gam³a⁶.koey⁴ fan¹lai², ma²faan² nei⁴ giu⁵koey⁴ da³faan¹ go⁵ din⁶wa³ bei³ngo⁴, hou³m²hou³ ?

_____

12. 甲：wong²saang¹ ge⁵ yud⁹yu⁴ gong³dag⁷ gei³zeng⁵ha⁴.

_____

乙：gang³ hai⁶la¹, koey⁴ lai²zo³ gwong³zau¹ yau⁴ saam¹sei⁵nin² la⁵!

_____

二、看粤拼和普通话，试说出广州话：

1. aai³! ngo⁴ kam²man⁴ bei³ gaag⁸lei²ug⁷ ge⁵ sai⁵lou⁶ cou²can¹, sing²loeng⁴saam¹dim³ sin¹fan⁵ dag⁷zoeg⁹. gaau³dou⁵ gam¹yad⁹ hou³ ngaan⁴fan⁵.

（唉！我昨晚被隔壁的小孩吵着，差不多两三点才睡得着。搞到今天很想睡觉。）

2. m²goi¹ tung²ngo⁴ ga¹ do¹ go⁵ ca²wai³, tung²maai² lo³ do¹

yad⁷lung² gon¹zing¹、loeng⁴dib⁹ coeng³fan³ bei³ngo⁴ tim¹.

（麻烦给我多加两个茶位，还有给我多拿一笼干蒸、两碟肠粉。）

3. gam¹ci⁵ zan¹hai⁶ hou³coi³ yau⁴nei⁴ bong¹sau³, gei³si² dag⁷haan² ceng³nei⁴ sig⁹caan¹faan⁶ bou³faan¹sou⁵ sin¹dag⁷.

（这次真的幸好有你帮忙，什么时候有空请你吃顿饭补个情。）

4. nei⁴dei⁶ king¹hou³zo³ dim³hoey⁵ sam¹zan⁵ mei⁶, co⁴ gou¹tid⁸ ding⁶ co⁴ daai⁶ba¹?

（你们说好了怎样去深圳没，坐高铁还是坐大巴？）

5. nei⁴di¹ye⁴ maai⁴cai² saai⁵ mei⁶? zung⁶yiu⁵ maai⁴di¹ mad⁷ye⁴?

（你的东西都买齐了没？还要买些什么东西？）

6. ngo⁴ zung⁶soeng³ maai⁴ do¹ba³ze¹ tim¹, nei⁴ bong¹sau³ lo³zyu⁶ ni¹di¹ye⁴ sin¹, ngo⁴ yab⁹hoey⁵ ni¹gaan¹ pou⁵tau¹ gaan³ha⁴.

（我还想多买一把伞，你先帮忙拿着这些东西，我进去这家店挑选一下。）

7. nei⁴ sin¹ hog⁹zo³ gei³go⁵yud⁹ gwong³zau¹wa³, yi²ga¹ dou¹hai⁶ gong³ dag⁷ma²ma³dei³.

（你才学了几个月广州话，现在也都讲得一般般。）

8. nei⁴dei⁶ zou⁶zo³ sing²yad⁹ye⁴, gang³hai⁶ hou³gui⁶ laag⁸,

co⁴log⁹lai² yam³faan¹ daam⁶ca² sin¹la¹.

（你们干了一天的活，一定很累啦，先坐下来喝口茶吧。）

9. ngo⁴ yim² ni¹doey⁵ haai² sai⁵dag⁷zai⁶, yau⁴mou⁴ daai⁶yad⁷go⁵ma⁴ ge⁵?

（我嫌这双鞋子太小了，有没有大一个码数的？）

10. leng⁵noey³, ngo⁴ maai⁴zo³ loeng⁴zoeng¹ hei⁵fei¹, gam¹maan¹ yau⁴mou⁴ hing⁵coey⁵ tung²ngo⁴ tai³hei⁵ sig⁹faan⁶ a⁵?

（美女，我买了两张电影票，今晚有没有兴趣跟我去看电影吃饭啊？）

11. yi²ga¹ hai³ gwong³zau¹ zyu⁶gwaan⁵ zo³, dou¹ m²se³dag⁷ faan¹hoey⁵ lo⁵.

（现在在广州住习惯了，都舍不得回去了。）

12. ai⁴ya⁶, yoeng⁶yoeng⁶ dou¹ gam⁵gwai⁵, ping²si² haan¹dag⁷ gei³do¹ zau⁶ gei³do¹ la⁵.

（哎呀，每样东西都那么贵，平时能省多少就多少啦。）

[答案]一：
1. 我哋几个谂住听日先去睇楼。
（我们几个打算明天才去看房。）
2. 你买嘅呢件衫仲平过我吓件。
（你买的这件衣服比我的那件还便宜。）
3. 阵间两点廿分喺你屋企楼下等。到时我响你电话就落嚟啦。（一会两点二十分在你家楼下等。到时我响你电话就下来吧。）

4. 我今日朝早食咗碗皮蛋粥先去返工嘅。
（我今天早上吃了一碗皮蛋粥才去上班的。）
5. 靓仔，唔该！我想问下上下九路点行。
（帅哥，打扰了！我想问问上下九路怎么走。）
6. 你知唔知呢度附近有冇地铁站？
（你知道这里附近有地铁站吗？）
7. 听日叫埋老婆仔女过嚟饮早茶啦！
（明天早上叫上老婆孩子过来喝早茶吧！）
8. 老细，有冇折打？计平少少得唔得？（老板，有没有折扣？算便宜点行不行？）
9. 借问声，呢度系唔系王生屋企？
（请问一下，这里是不是王先生家？）
10. 你好！陈生啱啱行开咗。你过多十分钟再打过嚟啦。
（你好！陈先生刚刚走开了。你过十分钟再打过来吧。）
11. 噉啊。佢返嚟，麻烦你叫佢打翻个电话畀我，好唔好？
（这样啊。他回来，麻烦你叫他回我一个电话，好不好？）
12. 甲：王生嘅粤语讲得几正下。
乙：梗系啦，佢嚟咗广州有三四年啦！
（甲：王先生的粤语说得挺好的。
乙：当然啦，他来广州有三四年啦！）

[答案]二：
1. 唉！我琴晚畀隔离屋嘅细路仔嘈亲，成两三点先瞓得着。搞到今日好眼瞓。
2. 唔该同我加多个茶位，同埋攞多一笼干蒸、两碟肠粉畀我添。

  3. 今次真系好彩有你帮手，几时得闲请你食餐饭补翻数先得。

  4. 你哋倾好咗点去深圳未，坐高铁定坐大巴？

  5. 你啲嘢买齐晒未？仲要买啲乜嘢？

  6. 我仲想买多把遮添，你帮手搦住呢啲嘢先，我入去呢间铺头拣下。

  7. 你先学咗几个月广州话，依家都系讲得麻麻地。

  8. 你哋做咗成日嘢，梗喺好攰喇，坐落嚟饮翻啖茶先啦。

  9. 我嫌呢对鞋细得滞，有冇大一个码嘅？

  10. 靓女，我买咗两张戏飞，今晚有冇兴趣同我去睇戏食饭啊？

  11. 依家喺广州住惯咗，都唔舍得返去咯。

  12. 哎呀，样样嘢都咁贵，平时悭得几多就几多啦。

附录一
新拟粤语（广州音）拼音方案

一 字母表

Aa	Bb	Cc	Dd	Ee	Ff	Gg
Hh	Ii	Jj	Kk	Ll	Mm	Nn
Oo	Pp	Qq	Rr	Sa	Tt	
Uu	Vv	Ww	Xx	Yy	Zz	

（1）v，r两个字母一般用来拼写普通话、少数民族语言和外来语。

（2）字母的手写体依照拉丁字母的一般书写习惯。

二 声母表

b	p	m	f	d	t	n	l
波	坡	摸	科	多	拖	挪	罗
g	k	ng	h	gw	kw	w	y
加	卡	鸦	虾	瓜	夸	蛙	呀
z	c	s					
知	雌	思					

（1）声母g在印刷出版物和电脑打字中，可以写成g。

（2）声母m、ng可以不与任何韵母相拼，单独成为音节。

三、韵母表

	a 丫	o 柯	e *赊	oe *靴	i 衣	u 乌	yu 于
aai 挨	ai 矮	oi 哀	ei *稀	oey *衰		ui 煨	
aau 坳	au 欧	ou 奥			iu 腰		
aam *三	am 庵				im 淹		
aan 晏	an *分	on 安		oen *津	in 烟	un 碗	yun 冤
aang 罂	ang *崩	ong *帮	eng *赢	oeng *伤	ing 英	ung 瓮	yung 拥
aab 鸭	ab *急				ib 叶		
aad 压	ad *不	od *渴		oed *恤	id 热	ud 活	yud 月
aag *客	ag 厄	og 恶	eg *吃	oeg *脚	ig *色	ug 屋	yug 肉

（1）i、iu、im、in、ing、ib、id、ig八个韵母，前面没有声母时，写成yi、yiu、yim、yin、ying、yib、yid、yig。

（2）u、ui、un、ung、ud五个韵母前面没有声母时，写成wu（乌）、wui（煨）、wun（碗）、wung（瓮）、wud（活）。

（3）yu、yun、yung、yud、yug五个韵母与声母y相拼的时候，声母y省略不写。如：雨（yu^4），远（yun^4），拥（yung^3），越（yud^9），肉（yug^9）。

（4）yu手写也可以写成ü，打字用yu。

（5）韵母表中带星号"*"的字只取韵母的读音。如，ong韵母注音字"帮"拼音为bong[1]，取韵母部分读音ong。

（6）以-b、-d、-g结尾的韵母，只闭塞不发声。

（7）韵尾字母-g在印刷出版物或电脑打字中可写成g。

四 声调符号

名称	阴平	阳平	阴上	阳上	阴去	阳去	上阴入	中阴入	下阴入
调值	55	21	35	13	33	22	55	33	22
调号	1	2	3	4	5	6	7	8	9
例字	诗 si^1	时 si^2	史 si^3	市 si^4	试 si^5	事 si^6	色 sig^7	锡 sig^8	食 sig^9

（1）书写拼音时，在音节右上角用调号表示声调。

（2）调号依据与普通话的对应关系排序。

（3）尽管入声字声调音高和前面1、5、6调相近，但入声字的读音短促，故仍然单独设立入声调号，便于区别记忆。

扫一扫，听录音

附录二
广州话最常用字词表

	形容词	广州话和粤拼	普通话
1		好 hou[3]	
2		多 do[1]	
3		大 daai[6]	
4		贵 gwai[5]	
5		靓 leng[5]	漂亮
6		啱 ngaam[1]	对的；合适的
7		快 faai[5]	
8		开心 hoi[1]sam[1]	
9		平 peng[2]	便宜
10		少 siu[3]	
11		高 gou[1]	
12		难 naan[2]	
13		新 san[1]	
14		耐 noi[6]	久
15		辛苦 san[1]fu[3]	
16		正 zeng[5]	正点
17		惨 caam[3]	

（续表）

形容词	广州话和粤拼	普通话
18	细sai^5	细小
19	犀利sai^{1}lei^6	厉害
20	掂dim^6	行的、可以的
21	唔同m^{2}tung^2	不一样
22	衰seoy^1	坏、不好
23	一样yad^{1}yoeng^6	
24	紧要gan^{2}yiu^5	要紧
25	好睇hou^{3}tai^3	好看
26	远yun^4	
27	冻dung^5	冷
28	细个sai^{5}go^5	小个
29	错co^5	
30	早zou^3	

副词	广州话和粤拼	普通话
1	都dou^1	都；也
2	唔m^2	不
3	就zau^6	
4	好hou^3	很、非常
5	又yau^6	
6	真系zan^{1}hai^6	真是、真的
7	咁gam^5	这么
8	其实kei^{2}sad^9	
9	几gei^3	挺、颇
10	咪mai^4	别、不要
11	先sin^1	先……
12	仲zung^6	还、更
13	已经yi^{4}ging^1	
14	最zoey^5	

（续表）

副词	广州话和粤拼	普通话
15	未 mei^6	还没
16	成日 sing^{2}yad^9	总是
17	即系 zig^{7}hai^6	也就是
18	梗系 gang^{3}hai^6	当然
19	再 zoi^5	
20	一定 yad^{7}ding^6	
21	太 taai^5	
22	原来 yun^{2}loi^2	
23	净系 zing^{6}hai^6	总是；只有
24	比较 bei^{3}gaau^5	
25	通常 tung^{1}soeng^2	
26	亦都 yig^{9}dou^1	也都
27	有时 yau^{4}si^2	
28	喺度 hai^{3}dou^6	正在……
29	一齐 yad^{7}cai^2	一起

	名词	广州话和粤拼	普通话
1		人 yan^2	
2		嘢 ye^4	东西
3		钱 cin^3	
4		时候 si^{2}hau^6	
5		公司 gung^{1}si^1	
6		同学 tung^{4}hog^9	
7		屋企 ug^{7}kei^3	家
8		月 yud^9	
9		时间 si^{2}gaan^5	
10		电话 din^{6}wa^3	
11		问题 man^{6}tai^2	
12		工 gung^1	

（续表）

	名词	广州话和粤拼	普通话
13		鱼yu^3	
14		事si^6	
15		样yoeng^3	样子
16		机gei^1	……机（如：手机）
17		书syu^1	
18		学校hog^{9}haau^6	
19		车ce^1	
20		地方dei^{6}fong^1	
21		礼拜lai^{4}baai^5	
22		翻版faan^{1}baan^3	盗版
23		字zi^6	
24		信心soen^{5}sam^1	
25		钟zung^1	
26		字典zi^{6}din^3	
27		戏hei^5	
28		碟dib^9	碟子
29		理由lei^{4}yau^2	
30		朋友pang^{2}yau^4	

	量词	广州话和粤拼	普通话
1		个go^5	
2		啲di^1	（一）些
3		只zeg^8	
4		蚊man^1	（一）块（钱）
5		年nin^2	
6		间gaan^1	
7		次ci^5	
8		日yad^9	
9		张zoeng^1	

（续表）

	量词	广州话和粤拼	普通话
10		份fan^6	
11		条tiu^2	
12		本bun^3	
13		种zung^3	
14		部bou^6	
15		套tou^5	
16		件gin^6	
17		班baan^1	
18		岁soey^5	
19		样yoeng^6	
20		架ga^5	
21		个个go^{5}go^5	每一个
22		分钟fan^{1}zung^1	
23		科fo^1	
24		分fan^1	
25		号hou^6	
26		段dyun^6	
27		位wai^3	
28		粒nab^7	
29		版baan^3	
30		块faai^5	

	代词	广州话和粤拼	普通话
1		我ngo^4	
2		你nei^4	
3		佢koey^4	他、她、它
4		嗰啲go^{3}di^1	那些
5		乜嘢mad^{1}ye^4	什么
6		噉gam^3	这样；那样

（续表）

	代词	广州话和粤拼	普通话
7		我哋ngo^{4}dei^6	我们
8		嗰go^3	那
9		呢个ni^{1}go^5	这个
10		嗰个go^{3}go^5	那个
11		噉样gam^{3}yoeng^3	这样
12		自己zi^{6}gei^3	
13		点dim^3	怎样
14		佢哋koey^{4}dei^6	他们
15		呢ni^1	这
16		点解dim^{3}gaai^3	为什么
17		乜mad^7	什么
18		嗰阵时go^{3}zan^{6}si^2	那时候
19		呢啲ni^{1}di^1	这些
20		嗰度go^{3}dou^6	那里
21		边个bin^{1}go^5	哪个
22		点样dim^{3}yoeng^3	怎样
23		你哋nei^{4}dei^6	你们
24		边bin^1；边度bin^{1}dou^6	哪；哪里
25		有啲yau^{4}di^1	有些；有点
26		几多gei^{3}do^1	多少
27		人哋yan^{2}dei^6	别人
28		大家daai^{6}ga^1	
29		呢样ni^{1}yoeng^5	这样
30		其他kei^{2}ta^1	

	动词	广州话和粤拼	普通话
1		系hai^6	是
2		唔系m^{4}hai^6	不是
3		话wa^6	说

（续表）

	动词	广州话和粤拼	普通话
4		去hoey⁵	
5		觉得gog⁸dag⁷	
6		讲gong³	
7		做zou⁶	
8		知zi¹	知道
9		睇tai³	看
10		谂nam³	想
11		好似hou³ci⁵	像、好像
12		来lai²	
13		买maai⁴	
14		譬如pei⁵yu²	
15		揾wan³	找
16		俾bei³	给
17		食sig⁹	吃
18		见gin⁵	看见
19		读dug⁹	
20		听teng¹	
21		识sig⁷	会、懂
22		问man⁶	
23		返faan¹	回
24		钟意zung¹yi⁵	喜欢
25		得dag⁷	行
26		出来coed⁷lai²	
27		玩waan³	
28		死sei³	
29		攞lo³	拿
30		用yung⁶	

	助动词	广州话和粤拼	普通话
1		会wui^4	
2		要yiu^5	
3		可以ho^{3}yi^4	
4		可能ho^{3}neng^4	
5		想soeng^3	
6		应该ying^{1}goi^1	
7		唔使m^{2}sai^3	不用
8		唔好m^{2}hou^3	不要
9		得dag^7	
10		冇得mou^{4}dag^7	没得……
11		有得yau^{4}dag^7	
12		需要soey^{1}yiu^5	
13		使sai^3	
14		肯hang^3	

	助词	广州话和粤拼	普通话
1		嘅ge^5	的
2		咗zo^3	表示完成，相当于"了"
3		度dou^3	左右
4		啲di^1	的
5		下ha^4	
6		过gwo^5	
7		得dag^7	
8		住zyu^6	……着
9		晒saai^5	表示全部
10		到dou^5	
11		翻faan^1	表示回复
12		埋maai^2	还（有）
13		紧gan^3	表示正在进行
14		完yun^2	
15		开hoi^1	表示习惯

粤语0基础自学手册

码上领取

快速入门　　　　　粤学粤快

知语言文化	练实用技巧	学标准发音	听配套音频
探寻粤语韵味 学透语言精髓	打好会话基础 提高交际能力	精品粤语课程 即学即会即用	本书配套资源 速学语音知识